南中國海

下一世紀的亞洲是誰的？

Asia's Cauldron

The South China Sea and the End of a Stable Pacific

Robert D. Kaplan
羅柏・卡普蘭 著
林添貴 譯

二〇二五年新版序

拙作《南中國海》第一版問世迄今已過了十年。從當時起始，南中國海及其周邊地區已演變成為全世界最危險的戰略要地。地球上再也沒有任何地區比它更重要。

試想一下，儘管大中東地區在過去四分之一個世紀不斷發生戰爭和衝突，俄烏戰爭也纏鬥了好幾年，世界金融市場多多少少還堪稱穩定。唯一稍受這些戰事影響的是石油市場。但是大體而言，全球金融市場挺過了風暴。西方世界沒有人看到他們的退休金儲蓄由於這些悲慘的戰爭而如殞石沉淪。南中國海與鄰近的台灣海峽若是爆發高端軍事衝突，恐怕就不會是如此。經歷短短幾天的作戰，出動飛彈、潛艦和太空軌道衛星等尖端武器之後，人們再去檢查自己的退休金帳戶，一定對損失不貲的情況大為震驚，只是因為世界最強大的金融及經濟大國相互大動干戈，擾亂了全球最重要的供應鏈。經歷中東和俄烏戰爭摧殘，我們的世界究若無礙。但是，如果西太平洋地區爆發類似規模的戰爭，我們的世界卻會產生劇變。

中、美兩國領導人對此一結果了然於心。雖然不經常掛在嘴上說，他們深知彼此經濟錯綜交織。正因為如此，此一地區才維持住和平局面。這個情況無異就如同，深怕核彈齊發、使得歐洲在冷戰期間維持住和平；也正因為目前深怕全球金融秩序丕變，才穩定住亞太地區情勢。自從《南中國海》出版以來，本地區已經大大改變，不過好在仍有許多方面並未改變。大趨勢被擴大叫囂，而且自從拙作出版以來，武器的統計也稍有變動。

《南中國海》英文版二〇一四年春天於美國上市時，中國領導人習近平才剛上台掌權不久。大家都還不清楚他要把中國帶往什麼方向。一般認為比起他的前任胡錦濤，他會是更強悍、堅持強硬路線的領導人。但是他要把中國打造成為列寧主義專制政體到什麼程度，當時仍無人看得清楚。川普這個人在二〇一四年的美國政壇根本還沒人知道他是何方神聖。要到兩年之後他才冒出來，認真考慮參選美國總統。因此，現在再也不是胡錦濤和傳統型的美國總統歐巴馬對弈——我在研究材料、撰寫《南中國海》時，歐巴馬是白宮當家作主的大總統。現在我們有了習近平和川普這兩個更加走極端、是非不斷的領導人。習近平威脅表示要收復台灣，川普則準備要和中國進行貿易戰。我們從莎士比亞的作品得到的啟示是，一個人的性格很重要。因此我們可以說，南中國海地區目前陷入莎士比亞式的衰頹。

因此目前的大格局是，雙方在本地區提升軍事部署、劍拔弩張，兩個超級大國都由不肯妥協的領導人當家作主。就美國而言，它的總統是個高度無法預料的人物。由於南中國海和台灣是世界上最繁榮、高科技相當先進的地區之一，雙方對峙所押下的賭注空前龐大。稍有閃失，影響將無法預料。維持和平是一件永無止境的大工程，需要最細膩、最明智的外交家和戰略家來操盤。

還有一個因素罕有人進行討論。地理距離已經因為科技進步而大為縮小。每一個衝突地區都以前所未見的程度交互影響。我們沒有一個世界政府、或世界治理；但是已有一個全球體系正在崛起中。這意味著戰爭和衝突不再是遠在千百英里以外的事件，而是一彈指、一按鈕，就禍害無窮的危機。這種情勢只會放大西太平洋地區及其周邊海域的重要性。我們幾乎可以很肯定地說，就經濟和軍事戰略而言，南中國海構成全球的核心。

未來會是一個什麼樣的情況？過去十年，只是把我在《南中國海》所描繪的情勢予以放大。但是歷史並不是永遠以直線方式向前推進。遲早它都會來個急轉彎、向某一新方向前進。我指的並不只是戰爭或和平。讓我換個方式來說：習近平或許是毛澤東以來中國最強勢的領導人。但是就像毛澤東無政府式的革命體制無法垂諸永久一樣，習近年的列寧主義體制也無法垂諸永久。習近平已經年逾七旬。請勿忘記，中國在不同的領導人之下，會有不同的制度。中華文明有數千年的悠久歷史，出現許多次的朝代嬗替。習近平的硬核列寧主義說不定就是共產黨朝代終結的起始點。接下來，南中國海地區可能就出現巨大的、世界歷史性的變化。

我在《南中國海》中臆測，假以時日，蔣介石可能會崛起成為二十世紀中國最有影響力的領袖。這是因為我從共產主義的衰退和終將崩潰之中，看到蔣介石和他在台灣終於孕育的民主制度，可能比毛澤東在大陸所建立的共產主義制度壽命更長。只因為在目前的情勢下很難去想像這個發展，並不代表這件事不會出現。我們必須一直能夠保持自己的想像力才對。

卡普蘭識於二〇二五年

目次

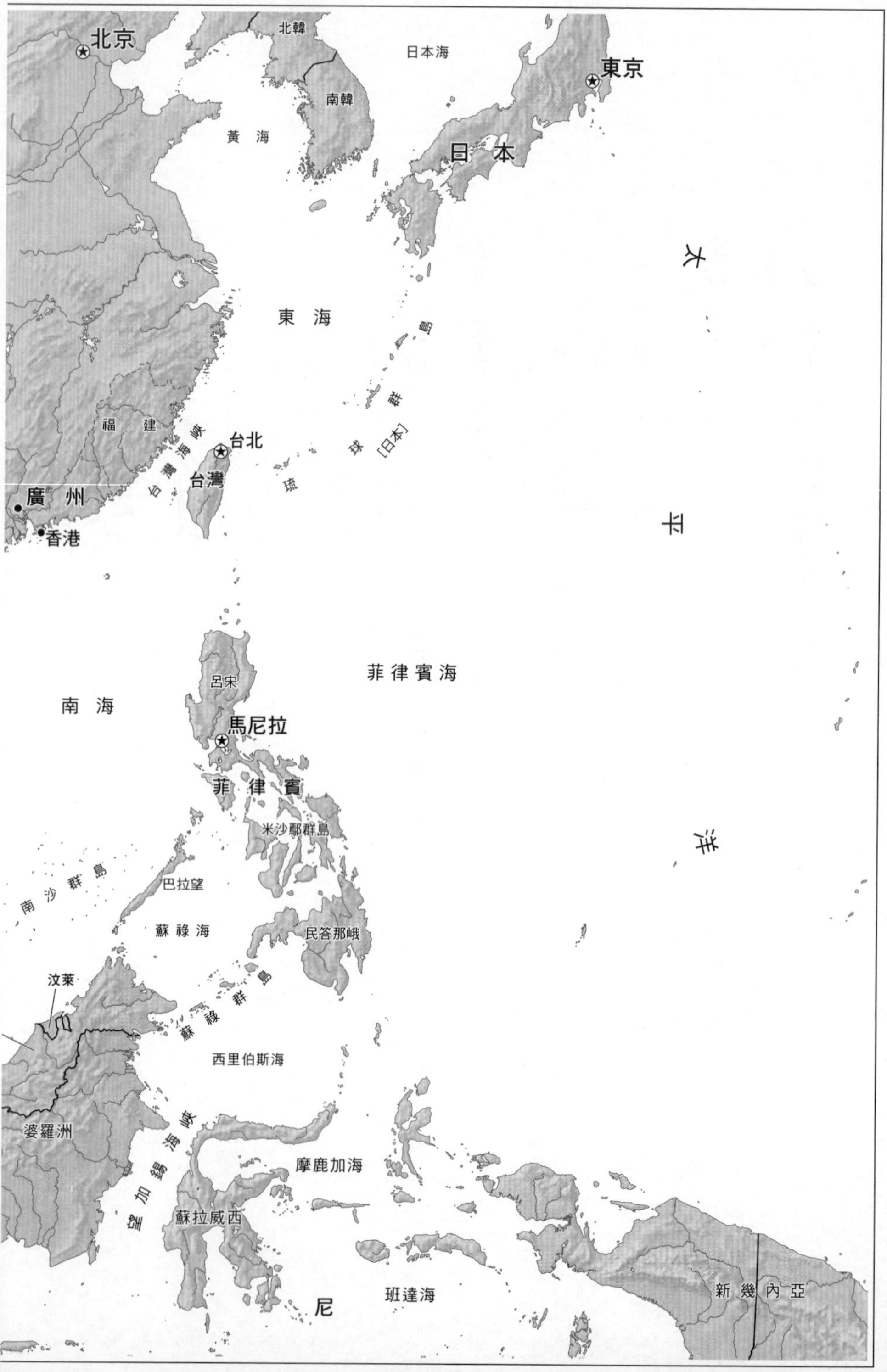
北京
北韓
日本海
東京
南韓
黃 海
日 本
太平洋
東 海
琉球群島[日本]
福 建
台灣海峽
台北
台灣
廣 州
香港
菲律賓海
呂宋
南 海
馬尼拉
菲 律 賓
米沙鄢群島
南沙群島
巴拉望
蘇祿海
民答那峨
汶萊
蘇祿群島
西里伯斯海
婆羅洲
望加錫海峽
摩鹿加海
蘇拉威西
班達海
尼
新幾內亞

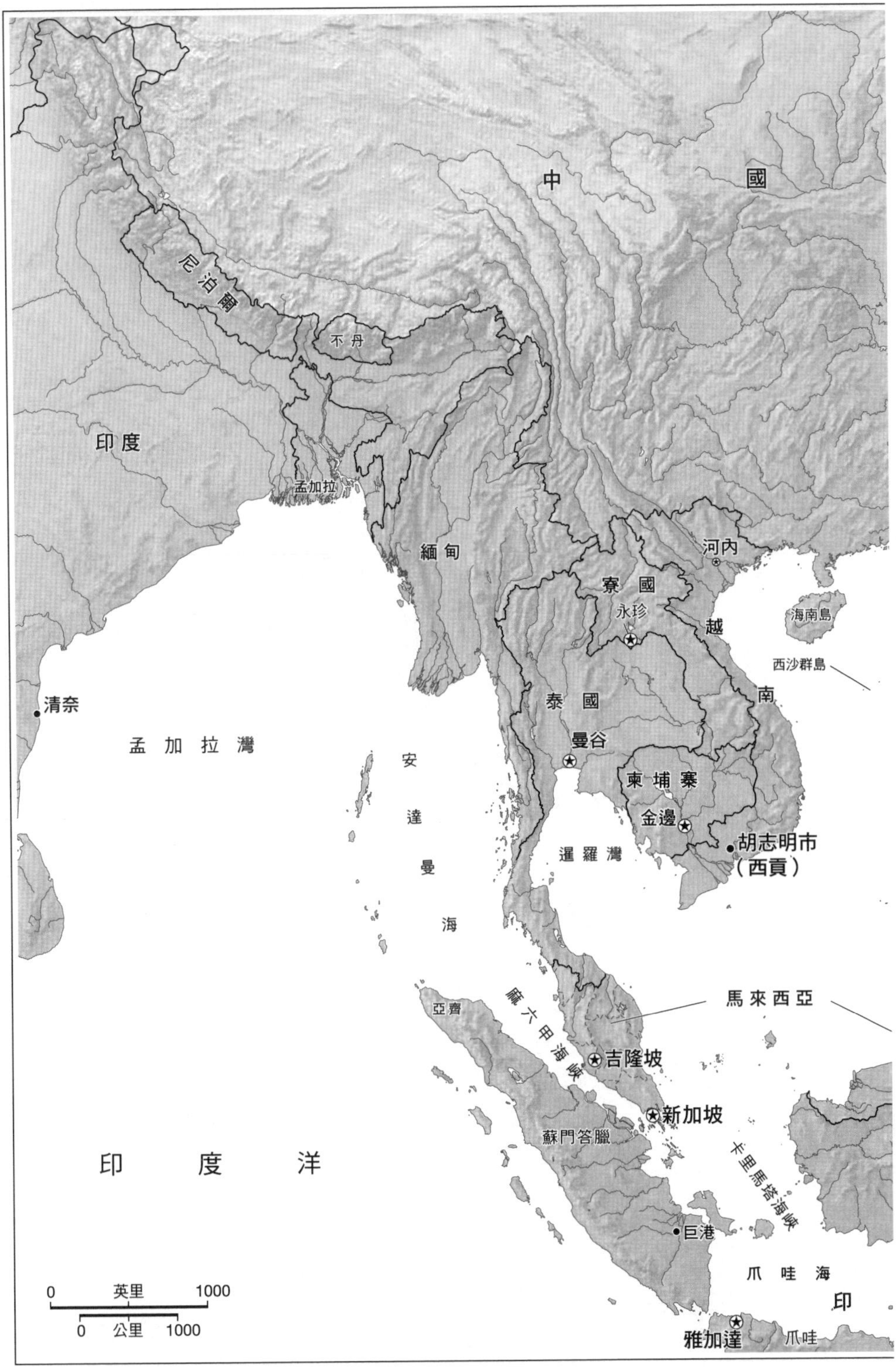
中
國
尼泊爾
不丹
印度
孟加拉
緬甸
寮國
河內
永珍
越
南
海南島
西沙群島
泰國
曼谷
柬埔寨
金邊
胡志明市
（西貢）
暹羅灣
清奈
孟加拉灣
安
達
曼
海
馬來西亞
亞齊
麻六甲海峽
吉隆坡
新加坡
蘇門答臘
卡里馬塔海峽
印度洋
巨港
爪哇海
印
雅加達
爪哇
0
英里
1000
0
公里
1000

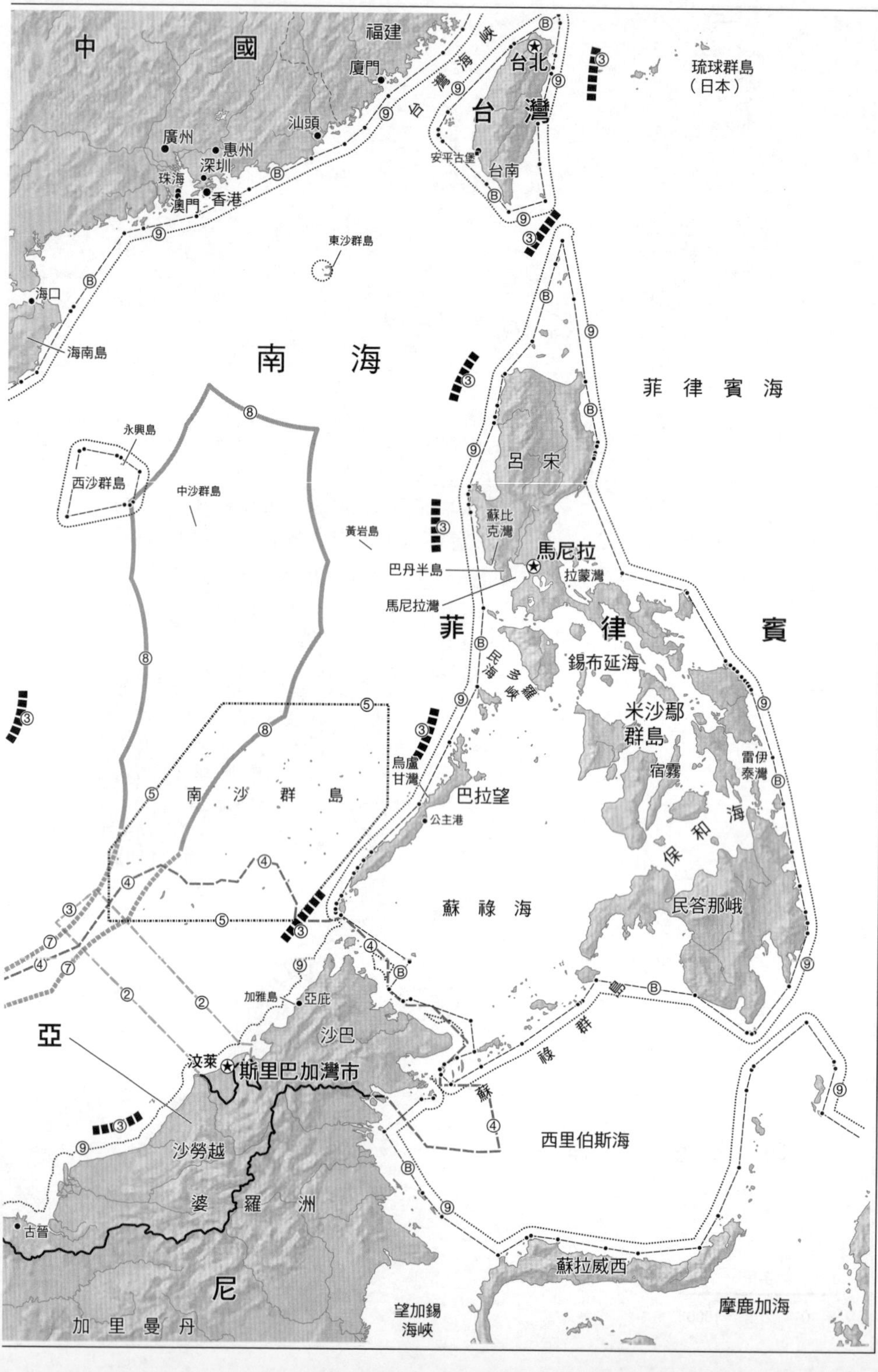
中國
福建
廈門
汕頭
廣州
惠州
深圳
珠海
澳門
香港
海口
海南島
台灣海峽
台北
台灣
安平古堡
台南
琉球群島
（日本）
東沙群島
南海
永興島
西沙群島
中沙群島
黃岩島
菲律賓海
呂宋
蘇比克灣
馬尼拉
巴丹半島
馬尼拉灣
拉蒙灣
菲律賓
民多羅海峽
錫布延海
米沙鄢群島
宿霧
雷伊泰灣
保和海
巴拉望
烏盧甘灣
公主港
南沙群島
蘇祿海
民答那峨
蘇祿群島
加雅島
亞庇
沙巴
汶萊
斯里巴加灣市
亞
沙勞越
婆羅洲
古晉
尼
加里曼丹
望加錫海峽
西里伯斯海
蘇拉威西
摩鹿加海

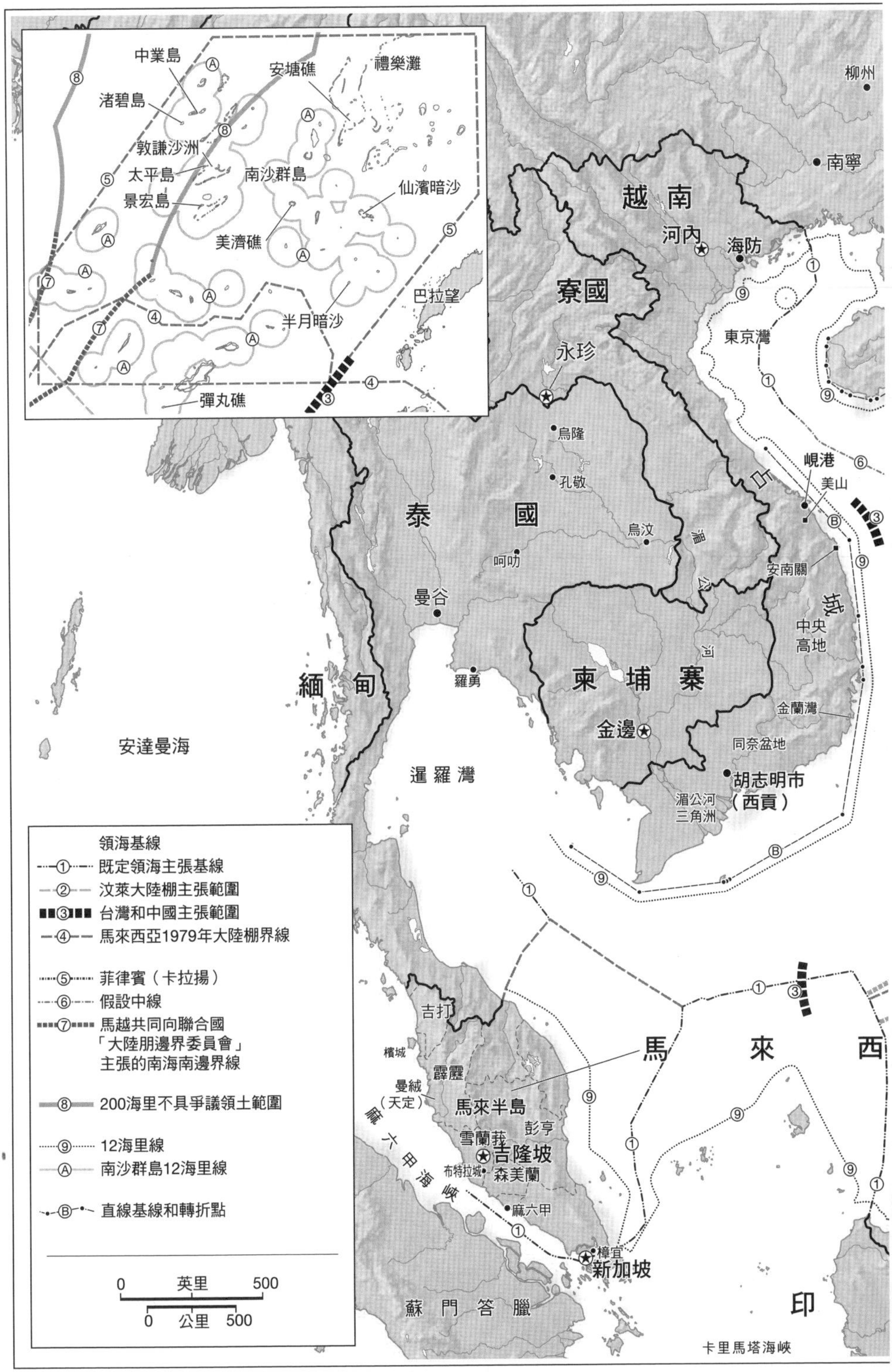
中業島
渚碧島
敦謙沙洲
太平島
景宏島
安塘礁
禮樂灘
南沙群島
仙濱暗沙
美濟礁
半月暗沙
巴拉望
彈丸礁
柳州
南寧
越南
河內
海防
寮國
東京灣
永珍
烏隆
孔敬
泰國
烏汶
呵叻
峴港
美山
安南關
湄公河
中央高地
曼谷
羅勇
緬甸
柬埔寨
金邊
金蘭灣
同奈盆地
胡志明市（西貢）
湄公河三角洲
安達曼海
暹羅灣
吉打
檳城
霹靂
曼絨（天定）
馬來半島
彭亨
雪蘭莪
吉隆坡
布特拉城
森美蘭
麻六甲
麻六甲海峽
樟宜
新加坡
蘇門答臘
馬來西
印
卡里馬塔海峽
領海基線
① 既定領海主張基線
② 汶萊大陸棚主張範圍
③ 台灣和中國主張範圍
④ 馬來西亞1979年大陸棚界線
⑤ 菲律賓（卡拉揚）
⑥ 假設中線
⑦ 馬越共同向聯合國「大陸朋邊界委員會」主張的南海南邊界線
⑧ 200海里不具爭議領土範圍
⑨ 12海里線
Ⓐ 南沙群島12海里線
Ⓑ 直線基線和轉折點
0 英里 500
0 公里 500

推薦序

南海各國的權力與權利之爭

王冠雄　國立台灣師範大學政治學研究所教授

二〇一五年十二月十二日清晨，在我國空軍C-130軍機前往南沙太平島的途中，筆者耳中聽見的是隔著泡棉耳塞所呈現之沉悶而遙遠的引擎聲，心中亦在反覆咀嚼前日剛剛閱讀完畢麥田出版社《南中國海：下一世紀的亞洲是誰的？》一書中的文字，想像機艙下面近期因為爭端而翻騰的南海，書中精準文句所呈現的一切是那麼地遙遠，但卻又那麼地真實。

當前南海海域正是海洋權力（power）與海洋權利（rights）爭執下的場域，海洋權力強調的是硬實力，亦即軍事力量的綜整和評估；而海洋權利則重視軟實力甚或是巧實力的展現，偏重的是海洋法律地位的掌握和運用。

《南中國海：下一世紀的亞洲是誰的?》（*Asia's Cauldron: The South China Sea and the End of a Stable Pacific*）一書原著作者為羅柏．卡普蘭，他是一名著名的外交事務研究學者，並有多本著名的著作，其所提出的觀點廣受國際學術界與行政界的重視。《南中國海》一書係卡普蘭透過實際的參訪旅行，由越南作為起點，經過馬來西亞、新加坡、菲律賓、台灣，最後再回到越南，兼具旅遊文學的筆觸以及國際政治的觀點，鋪陳出一個兼具文化、歷史、軍事、國際關係和國際法的南海爭端背景，也梳理出「權力」和「權利」在南海爭端中的本質。

卡普蘭首先指出歐洲和東亞之間對於戰略安全觀點存在著基本差異，歐洲係由大陸觀點而東亞則由海洋觀點，這由二十世紀至二十一世紀的國際政治變遷可以明顯看出。對於越南，卡普蘭認為其係緊緊抓住歷史的發展進程，以歷史主張為基底，對西沙群島和南沙群島提出主權主張，挑戰中國大陸這個北邊的鄰國，積極地扮演在南海爭端中的主角。越南也智慧地連結國際關係的變化，使自己成為被矚目的中心。卡普蘭就如此語帶反諷地描述，「美國奮戰以維護獨立的南越對抗共產黨的北越，可是當美國戰敗、統一在共產黨之下的越南崛起，卻證明它對中國的威脅反而更大於對美國的威脅。」

對於馬來西亞，卡普蘭強調的是馬來西亞所具備的中華文化和伊斯蘭文化之間的融合以及隱含的衝突。他以對馬國社會所呈現出來的「消費主義」、「光鮮的購物中心」、「不同文化或種族的密切交往」描述「族群融合」在此的正面表現；但又同時強調了兩個族裔之間的差異，特別是錯綜複雜的族裔關係，卡普蘭認為這是對於杭廷頓（Samuel Huntington）的「文明衝突論」的確認。

明顯的是，卡普蘭對於馬來西亞的觀察重視在社會層面的分析，對於和南海相關的評論較少，且較偏重於軍事層面的描述，他表示「馬來西亞和高度民族主義的越南不一樣，並不想和中國衝突」，因為相信美國會出面保護。然筆者認為，卡普蘭還可以進一步地由維護經濟利益的角度出發，因為畢竟馬來西亞已經由其在南海南邊部分的油氣田獲得大量的石油開發利益，而這些油氣平台的位置有相當的一部分位於U形線（或是中國大陸所稱之「九段線」）範圍內。

針對新加坡而言，它並不是南海爭端方之一，然而卡普蘭仍然對之做出觀察和評論，主要是在對於李光耀前總理的政策作為提出分析。卡普蘭在陳述南海周邊國家的武器採購時，新加坡將會採購兩艘潛水艇，相較於周邊國家所採購的數量來看，越南採購六艘、馬來西亞和印尼各自採購兩艘，筆者認為這個數字呈現出一個驚人的事實，亦即是南海海域現在正在進行一個激烈的軍備競賽，因此現在如何進行管理衝突將是首要任務。

至於菲律賓，卡普蘭在書中將之形容為「美國的殖民包袱」，雖然在文句的表達上有著貶抑的意涵，讓人感到不安。但是細想，在事實上不正是如此嗎？

受到國內政治腐壞以及經濟不振的影響，菲律賓所呈現出的是近於失敗（或稱失靈）的景況。然而菲律賓又無法忍受因為二〇一二年與中國大陸之間發生黃岩島事件的失利，因而轉向其殖民母國——美國——請求協助。卡普蘭分析，一方面若中國大陸主宰南海並不符合美國的利益；但是在美中之間已經有許多牽絲拉藤的關係之下，若是因為被菲律賓和越南這些國家熱血上揚、容易爆發的民族主義牽扯進去，甚至和中國大陸發生衝突，這也不符合美國的利益。所以透過輿論或是國際法律的途徑，亦不失為強調菲律賓南海主張以及適當的解決方式。

《南中國海》的原文英文版本係於二〇一四年三月出版，對於菲律賓在二〇一三年一月底提出的南海仲裁案並沒有評論，這是可以理解的，因為菲律賓在二〇一四年三月底才依據仲裁庭的規定交出菲方訴狀。在厚達四千頁的訴狀中，菲方針對中國大陸在南海的「九段線」主張、在占領島礁上的作為、中方占領島礁的法律地位、中方在南海海域的執法作為等項目提出仲裁要求。目前該仲裁案的發展是已經分別在二〇一五年七月底召開關於仲裁管轄權和可受理性的程序性事項庭審（Hearing），以及在十一月底召開關於實體問題和剩餘管轄權以及可受理性問題的審查。一般估計，在二〇一六年的上半年，仲裁庭將會有最後的裁決（Award）。

但值得注意的是中國大陸並未同意參與仲裁，所以直到目前為止，同時也是可以預期到最後時，整個仲裁案的進行將是菲方單獨參加而已，中方也不會接受仲裁庭的裁決。菲律賓早就清楚此一結果，但是仍然持續衝撞的原因應該還是在於陷中國大陸於不接受法治（rule of law）的汙名。

《南中國海》一書最後行經的國家是中華民國台灣，卡普蘭有機會前往東沙島走了一趟，對於島上的建設有了實際的觀察，也瞭解到因為東沙島有海巡署官兵的駐守，不僅是主張了我國對於東沙群島的主權，也展現了我國在南海存在的事實。至於在描述台灣與南海或周邊情勢關係時，他除了用「南海控制著東南亞和東北亞的交通，這是太平洋盆地邊緣兩個安全與衝突的體系，而台灣是南海這個瓶子的瓶塞」來形容台灣在海域安全方面的重要性之外，更用了「亞洲的柏林」一詞來形容台灣和中國大陸之間在政治信仰方面的不同，正如同冷戰時期的柏林一般，所面對的是不同意識形態之對立局勢。

姑不論此種描述在不同的時空環境下是否恰當，然而台灣與中國大陸在面對南海爭端時，某些層次的議題在實務上卻是共同關切的，其中最明顯的就是台灣的U形線（亦即大陸所稱之九段線）主張，因為此一主張在前述仲裁案中，也是菲律賓的主張仲裁焦點之一。卡普蘭在《南中國海》書中經常以「牛舌」（cow's tongue）來形容U形線，筆者認為此種形容並不恰當，因為會有予人貪婪垂涎的聯想，進而忽略或貶抑了U形線的內涵。不過，本書中文版中仍然照實譯出，乃是為了忠於原著的內容。

此外，菲律賓為了遂行其主張，認為南沙群島中沒有島嶼的存在，竟然提出太平島非島的說法，貶抑太平島在主張海域範圍的能力。依據菲律賓的訴訟策略，只有菲律賓的巴拉望島可以主張兩百海里的專屬經濟海域，這不僅是排除他國在南海得以享有的權利，更是無端打擊我國在太平島多年來的經略建設。

就如同卡普蘭拜訪過的東沙島一般，太平島面積略小於東沙島，約有零點四九平方公里，人口數固定維持在一百人以上。太平島上有可以生飲的井水；在島上多處可以見到高度超過十餘公尺、樹身必須四或五人牽手方能環抱的老樹和原始林；有農場建設，種植多種蔬菜和水果，並豢養上百隻雞和數十頭山羊。更重要的是，太平島是一符合《一九八二年聯合國海洋法公約》第一二一條第一項規定的自然生成島嶼，亦即「四面環水並在高潮時高於水面的自然形成的陸地區域」，更不用說符合第三項所規定的能夠「維持人類居住或其本身的經濟生活」之條件。

南海爭端不斷出現，近期內即有諸如中國大陸填海造陸的作為、美國軍艦接近中國大陸人工島礁、航行與飛越自由是否被侵犯等爭議議題，其所凸顯的危機，在短期內應無法解決，但是筆者樂觀地認為可以透過政治家們的智慧加以管理，使其不致擴大。正如同《南中國海：下一世紀的亞洲是誰的？》這本書的書名所呈現的現實，環南海周邊國正受到經濟、政治、軍事、法律等變數的刺激而壓力倍增，唯有透過適當的管理或是區域性的治理（governance），將壓力釋放，使和平與安全重返，或許這也是卡普蘭在最後一章中所欲傳達的概念，這也讓讀者能在平順的閱讀中思考南海的下一步。

前言／占婆的覆滅

法國人不稱這個地區為東南亞，
而命名為「印度支那」，正確極了。

文明的交匯與碰撞

我在酷暑難耐的寂靜中，沿著叢林小徑徐徐而走。黝黑的紅磚堆散落在荒煙蔓草間，背後的高山已被烏雲吞噬。我人在越南中部廣南省、離南海海岸四十英里的美山聖地（My Son）*。每一個石碑非垂直的表面，原本是用來擺祭壇、燈具及林伽（lingam），現在都長出野花野草，而且籠罩在煙香和樟腦味中。讓人回想到印度在東南亞的勢力的雕像多半已傾圮，環繞在牆上的廊柱當中，被青苔沾染成泛藍白色。有些頭顱已經不見的神像和歲月斑剝的舞者人像，現在已經被昆蟲大軍爬滿。鬆動的磚塊就像掉了的牙齒：這些石碑已經破舊、損毀得令人聯想到現代主義派雕像的抽象圖形。象徵濕婆神之男性雄風的林伽雖沾滿青苔，卻兀自挺立，不畏時光摧殘。

B廟群和C廟群的規模和豐富給人一種越南吳哥窟的感覺，但是走過其他寺廟群，我才發覺從古代末期到中古盛期這九百年間的宗教生活在這裡卻沒有留下太多遺跡。A廟群只是一堆瓦礫，見證著美軍直升機在一場和東南亞前途未必相干的戰爭中造成的破壞，空留下這片廢墟。

用佛洛伊德的術語來說，強烈的民族主義往往是因為對細微差異的自戀而產生。賦予越南特色、使它不只是中國文明的一處南方堡壘的是它的高棉和印度遺產，使它和華夏文化有那麼近似、又是那麼迥異的匯合。我之所以提到四世紀至十三世紀的占婆（Champa，又稱占城）是要揭露冷戰時期區域研究的謊言，華府直到今天還執迷不悟，堅稱東南亞屬於東亞和太平洋範疇；而事實上這個區域更應當被稱為印度太平洋（Indo-Pacific）——它的海上心臟是南海——的有機延續：因為占婆代表一個海盜的種族。被包夾在中央高地（Central Highlands）和大海之間，有無數的河流和天然海港可以利用，又有木材、香料、紡織品、蜂蜜、蜜蠟和金屬可以交易，占族人居於有利地位，可受惠印度洋和西太平洋之間的商業往來。法國人不稱這個地區為東南亞，而命名為「印度支那」（Indochina），正確極了。

中古時期位於南印度的印度教坦米爾人（Hindu Tamils）注輦帝國（Chola Empire，又稱朱羅帝國），曾派出艦隊走遍這片海域，甚至遠達中國；而中國古代的陶器曾在爪哇出

---

* 譯注：從西元三到十二世紀，美山是占婆王國的政治中心。

土，中國唐朝和元朝的船隻也曾經到達印度東北部的奧里薩邦（Odisha）*。其實早在冷戰時南越、北越分治惡鬥之前，跨越這個文明斷層線、跨越古代和現代數個世紀的裂隙，老早就有南越、北越之分：大越（Dai Viet）是位於北方的年輕、沒有安全感的王國，曾經有一千多年是中國的省分；南方就是高棉帝國和占婆。占婆和大越尤其是世仇，阻擋著大越向南擴張，直到占婆被北方人數居多的京族人（Kinh）†所滅，使得自此以後北越人對南越人一直有歉疚感。占婆，作為南方越南歷史、文化的代表，和高棉、馬來世界的關係，一向比和北方漢化的大越之關係來得親近。

十七、十八世紀的時候，越南又分裂：北方的東京（Tonkin，又稱北圻）由黎朝統治，南方的交趾支那（Cochin China）由阮朝統治。這一切都是因為越南將近一千英里長的海岸，就跨於印度和中國兩大文明之間。

旅程

多年前我在河內一家店鋪偶然看到的一本讓—法蘭斯瓦・修伯特（Jean- Francois

Hubert）的畫冊《占婆藝術》（*The Art of Champa*），自此占婆進入了我的世界。由於它很漂亮，我立刻買下它。修伯特寫說，占婆「不畏年代摧殘」屹立不搖，它的文化遺產在十九世紀末、二十世紀初被法蘭西遠東學院（École Française d›Extrême-Orient）的考古家拯救，這些法國考古學者在美山及其他城市研究及開挖，提出具體的證據，證明迄今只散見於中國歷朝史書和駐外使節所撰寫的奏摺中的安南事蹟。修伯特的生花妙筆、配上精采的照片讓我得以一窺梵語文化的精妙，及其絢爛的印度教與佛教融合體（不過，印度教色彩較濃）。修伯特說：「在西元八世紀，占婆北起安南關（Gate of Annam），南抵同奈盆地（Donnai basin）。」換句話說，就是自前「非軍事區」稍北，往南直抵西貢。因此，修伯特的中古地圖儼如冷戰時期南、北越的地圖。經過連番戰爭與侵略，位於文明斷層線的代價，印度教的占婆終於消失在越人的陰影中。[1]我們所知道的越南遂告誕生，然而是那個被征服的印度教徒世界的遺產，賦予越南其獨特不同於中國的認同。

---

* 譯注：中國史書稱羯陵伽國。

† 譯注：也就是現代的越南人。

修伯特的書把我帶到昔日的非軍事區附近的峴港，它是越戰期間最忙碌的空軍基地。那個世界已經死了，埋葬在今天被美式圍牆守護著的社區、名流雲集的高爾夫球場，及完工一半的五星級度假旅館兼賭場的現實世界之下；峴港市南方名為「中國海灘」的這座旅館設施入口還高掛著美國國旗呢！這裡也有生態環境保護區！過去美國大兵的叢林地獄，今天變成背包客的天堂。對前一個世代象徵著戰亂的這個國家，現在換上笑容，殷勤招呼觀光客。

占族雕像博物館位於峴港鬧區，在這棟一九一五年落成的深黃色法式殖民風建築裡，存放著法國考古學家亨利・帕緬蒂爾（Henri Parmentier）和查爾斯・卡普克斯（Charles Carpeaux）於一九〇三年和一九〇四年在美山等地挖出來的數百具雕像，但它們統統被塞在狹小、陰暗、濕溽的環境裡，窗子一打開，外面就是大街上車水馬龍的喧囂。我對古代占婆的迷戀，在這裡又添加了好幾分。雕像旁是同樣這幾位考古學家拍攝的黃銅色黑白照片，把他們的物品呈現得比任何彩色照片更能吸睛。[2]這些雕像本身有些帶著撲朔迷離的奶灰色，有些則是淡赭色，比起任何原色彩都更漂亮，而且與周遭的黝黑呈現明顯對比。每個雕像在我面前都栩栩如生，彷彿擺著姿勢，等候攝影師按下快門。印度人崇拜舞蹈，這些雕像有許多似乎就停在定格裡。

另外還有諸如象頭獅身的濕婆坐騎（Gajasimha）的雕像，它是眾神智慧和眾王力量的表徵。至於濕婆神自己，在其碩大無朋的頭上，鼻子連根斷裂，僅剩雙眼洞觀世間生死悲歡。有一尊小雕像是守護神毗濕奴，在歲月的侵蝕下它的面目已經模糊，唯目光仍然銳利懾人。化育萬物的梵天一般有四張臉，代表宇宙的不同方向，但這裡有一尊只有三張臉的，四隻手則分持吠陀經的四部本集。夜叉，是自然之靈；羅摩，毗濕奴的化身之一；死神閻摩：全印度教的神明都聚集在這裡了，祂們統治這裡將近一千年。當初由法國人搬移來這裡，美山寺廟裡最有名的一批浮雕，讓人想起猶太裔德國哲學家班雅明（Walter Benjamin）對歷史著名的想像：歷史不過就是大量的意外與事件的殘骸的堆積，在漫長的歲月中它越堆越高、越堆越高，無所止境。所謂的進步就是更多的殘骸的累積。

我還沒說完。西貢的歷史博物館，有一個房間擺滿占婆雕像，不可錯過。這裡陳列著宋、元、明三個朝代的掠奪的模型與文物，可見得對抗中國的侵略實為越南歷史的主軸。我從那些上至西元二世紀、近至十七世紀的占婆古蹟當中發現，儘管越南與中國有著無所不在的文化相似性，它還是有其獨特之處。在一定程度之內，是印度導致了這一點。若非來自印度次大陸的影響，越南在文化上與美學上都將一片空白。我看見一尊咖啡色的女神石像，其體態妖嬈、舞姿婀娜，與我在孟買東邊埃洛拉石窟（caves of Ellora）所見之雕像可說如出一轍。一尊十世紀的象徵富饒的拉克什米（Lakshmi）女神充滿了財富與物欲的想像；十五世紀的濕婆之造型可謂天馬行空的抽象藝術。雖然它只雕了一半，但其生動的力量似乎要從石頭中迸出來了。

我把占婆雕像和鄰室十二世紀的高棉雕像做比較，後者是佛教和婆羅門教匯合風格。這些嗶嘰色的高棉臉孔彷彿活了過來，神奇地接受了他們的命運，比任何我所見之物都更要安詳寧靜——淡淡的眉毛、扁平的鼻子、寬厚飽滿的雙唇，似張未張的雙眼。與占婆一樣，高棉也屬印度與中國文明碰撞融合之產物。然而，有時它們卻又像完全只屬於某個文明的產物。譬如說，一尊在越南中部出土的十世紀提毗女天神之雕像，就完全是亞利安人的五官輪廓、巧克力橘的膚色。她是徹頭徹尾的印度風格。這是我所見唯一適合填上色彩而非黑白的。

歷史的教訓

我在探討南海的地緣政治研究之前，先交代一段令人回味無窮、幽微玄妙的印度遺產之旅，豈不怪哉。但是，重點就在這裡。我在報導中國勢力上升的過程中，必須謹記住占婆的教訓。我有必要鮮活地描述占婆的藝術：因為在中國的凝視似乎十分強盛之際，我不能忘掉印度在這一地區的影響力。是的，我在執筆寫作本書時，中國勢力向本地區推進，宣示著中國人口及經濟興盛。這一直是南海的核心議題。我不可能不面對中國的崛起，不可能不面對最近數十年來的大趨勢。由於未來不可預測，我們只能談論當下。但是，未來之不可預測這一事實也代表它會有各種可能性，譬如，或許共產黨（及中國）會因為內部經濟及社會之壓力而驟然衰竭，或甚至崩潰。因此占婆提供了一堂關於謙卑的教訓：正因為當下如過往雲煙，我的分析估算無論如何準確，也只是一時的。在後面的文章中我不太會再提到占婆，但我希望這裡短暫的介紹能留在讀者的心底。占婆提供我們一種看待歷史的角度：往過去追溯得越深，往前我們就看得更廣。如今南海被中國的幽靈覆蓋著，但如果有天中國絆了個踉蹌，南海地區可能又會恢復為法國殖民者所謂的「印度支那」，屆時中國將與印度或其他強權與文明在此平起平坐。

甚且，固然我的研究指向美國和中國之間的軍事敵對，但不管是在軍事上或經濟上，未來很有可能是朝向多極化發展。會有一個國家，如越南，或馬來西亞、澳大利亞或新加坡，挑起強權之間的相互對抗而坐收漁翁之利。越戰時，美國努力阻止越南被北方越共統一。但是，統一成為事實後，新的大越南對共產主義中國的威脅卻更勝於對美國。這才是歷史的諷刺！占婆，它述說的是一個如日中天的強權與一個仍處於萌芽階段的勢力的故事，其中的驚奇與機會是傳統分析家所未見的。

那個充斥著喧鬧酒吧和脫衣舞廳的美國大兵的西貢，早已成為昨日黃花，被掩埋在*Gucci*、*Lacoste*、*Versace*的霓虹招牌之下與人們的回憶裡。但那些謎一般的雕像卻在塵封的博物館內曖曖含光。

第一章　一場非關正義的戰爭

換句話說，未來成為問題的可能是美國，而不是中國。我們，尤其是知識分子和記者圈子的人，可能太過關注中國政權的內部性質。中國政府大可以只在國內為非作歹，但在國外卻中規中矩——這也是為什麼亞洲的崛起讓各式各樣人道主義者找不到共識的另一個原因。

海事世紀

歐洲是陸地景色，東亞是海洋景色。兩者之間即是二十世紀和二十一世紀之間的重大差異。過去那個世紀，全球爭奪最激烈的地區是在歐洲乾燥的土地上，尤其是在那一望無際的大平原上人為劃分出來的德國東界與西界，更是兵家必爭之地。但是在冷戰的後期階段，地球的人口、經濟和軍事軸心已顯著地移向歐亞大陸的另一端，此地人口輻輳中心之間的空間絕大部分是海洋。我講海洋，指的是大海、天空和外太空：因為自從航空母艦在二十世紀初期出現以來，海、空作戰序列已變得愈來愈糾纏不清，現在外太空又加了進來，因為從人造衛星可對船艦、飛機給予導航及其他援助。因此，「海事」（naval）這個詞成為多方位軍事行動的縮寫。毫無疑問，「海事」將會是關鍵詞。由於地理條件的限制，東亞的海岸線必然會催生出一個「海事世紀」，唯一的例外可能是朝鮮半島會有陸戰，但可能性也非常低。

東亞是個廣袤的空間，從北冰洋一直延伸到南極——從千島群島向南直到紐西蘭——有斷斷續續的海岸線和群島，而它們又各自被大海和遠距離阻隔。即使考量到科技以及飛彈和噴射戰鬥機如何壓縮距離——後者很容易空中加油——使得任何地理空間之縮小，幾乎到了產生幽閉恐懼的程度，海洋可以緩衝侵略，至少有陸地所做不到的若干程度效果。海洋與陸地不同，創造清楚界定的疆界，因此有可能降低衝突。然後也要考慮到速度。即使是最快的軍艦移動起來也相當遲緩，時速大約是三十五節，減低了誤判的機會，因此讓外交官多出幾個小時——甚至幾天——可以折衝。甚且，海軍和空軍無法像陸軍那樣去占領土地。由於海洋圍繞東亞，二十一世紀比起二十世紀有更大機會避免大型軍事戰爭。

當然，東亞曾經在二十世紀見識過重大的戰火，那是海洋未曾防止的：日俄戰爭（一九〇四至一九〇五年）；清朝覆亡後，中國將近半個世紀的內戰；日本帝國在太平洋的征服及其後的第二次世界大戰；韓戰（一九五〇至一九五三年）；高棉、寮國及南北越的戰爭從一九五〇年代打到一九七〇年代，先後涉及到法國和美國。這些戰爭有個共同點，就是有機地隨著國家或帝國的形成而起，或是同屬去殖民化的過程。有些衝突是內部性質，出動傳統與非傳統的地面部隊，海軍扮演極為有限的角色。東亞的大地理主要為海洋，但對本質上是內部戰爭的這些戰爭來說，這件事並無太大影響。（我把韓戰也列入這一類，因為南北韓之間的衝突主要是在陸上交戰，而且是在日本長久占領（一九一〇至一九四五年）之後各自要建國的不可分割的一部分。）但是如今，東亞已經過了國家鞏固的階段。東亞軍方現在不是往內注重低科技的陸軍，而是往外注重高科技的海軍與空軍。不過，我將會解釋，它們不可能重演規模如日俄戰爭和二戰期間太平洋戰場的戰事。

日俄戰爭和第二次世界大戰的太平洋戰場在極大程度上是日本軍國主義的極致，海洋在這上面提供不了防衛；事實上，海洋是陸地國家要擴張時的根本，尤其是當它需要從遠方海岸取得大量石油以供其軍隊奔馳作戰之需時。但是，中國今天在太平洋雖是崛起中的軍事大國，卻沒有明治維新後的日本帝國那麼具侵略性：即使中國的軍力（尤其是海軍）擴張，類似日本的法西斯主義在中國幾乎全無蹤影。若是拿中國與第一次世界大戰前的德意志帝國比較，基於歐洲的地理，德國主要是陸地大國，而中國基於東亞的地理，主要將是海上大國。我要重申，正是這樣的地理，會促進海軍的成長；雖然就其本身而言，海軍成長是個令人憂心的趨勢，但仍不若上個世紀初歐洲大陸陸軍的成長那麼令人焦慮。

沒錯，軍事力量正往亞洲移動，但是拜芝加哥大學政治學者約翰．米爾斯海默（John J. Mearsheimer）所謂的「海洋的阻遏力量」之賜，二十世紀的慘烈狀況或許可以避免。[1]米爾斯海默解釋說，海洋可以阻卻侵略，因為國家雖可建造一支海軍部隊，跨越大海運送其陸軍，但是它將會發現很難要陸軍在敵國國土登陸，然後向內陸推進、徹底綏服敵國人民。

譬如，台灣海峽只有一百英里寬，是西太平洋最狹窄的水道之一，但它仍是英吉利海峽的四倍寬（二戰期間盟軍跨越英吉利海峽而登陸歐洲反攻）。縱使美國對台援助，中國或許在十來年內有能力在戰爭中擊敗台灣。但是占領台灣會十分困難，因而北京可能根本不會去嘗試。台灣若非島嶼，與大陸又有一百英里寬的海面隔阻，情勢恐怕就未必如此。日本和朝鮮半島之間的海上距離也有如此效用，南韓與中國、日本的琉球群島與中國、中國的海南島與越南等等的海上距離，也莫不如此。後殖民戰爭明顯已不太可能發生，中國再怎麼凶惡，也不是日本帝國，東亞的海上地理固然或許有利於海上競爭，但是不利於在人口稠密地區做兩棲登陸戰。

這種純粹的海上競爭，究竟會是什麼模樣？欲知其詳，我們必須更仔細檢視東亞的地理。

逐鹿南海

東亞大致上可分為兩大區塊：以朝鮮半島為主的東北亞，以及以南海為主的東南亞。東北亞的樞紐繫於集共產主義及民族法西斯主義於一身的極權、與世隔絕的北韓的命運。這樣的國家在一個一日千里的資本主義和電子通訊治理的世界中，前途黯淡。假如北韓崩潰，中、美和南韓地面部隊可能以人道救援名義介入、會師於半島北部，甚至在拯救飢民過程中瓜分地盤。海上議題將明顯居於次要。但是若有朝一日兩韓終究再統一，會使海上議題浮到檯面，使得大韓國、中國和日本以日本海、黃海和渤海為界，形成微妙局面。總而言之，由於北韓仍然存在，東北亞歷史的冷戰階段仍未完結，因此主導本地區頭條新聞的仍將是陸上力量，而非海上力量。

反之，東南亞早已進入歷史的後冷戰時期。這是它極為關鍵的一大重點。越南主宰南海的西岸。越南曾經是美國國內動盪的最大外國因素，但如今的越南至少到最近之前都是一個資本主義國家，為了制衡中國而尋求與美國有緊密的軍事關係。中國在歷經數十年動亂之後，毛澤東將它鞏固為一個王朝國家，又因鄧小平推動自由化，成為全世界最有活力的經濟體，現在更將其海軍向外推進至西太平洋第一島鏈。接下來，還有穆斯林的人口大國印尼；它在冷戰期間經歷數十年的左翼及右翼威權專制統治，有可能崛起成為第二個「印度」，也就是變成活潑和穩定的民主國家，有潛力透過其日益增長的經濟去拓展其武力。同時，新加坡和馬來西亞在經濟上勇往直前，透過混合民主和威權政體，致力於城市國家與貿易國家的模式。因此，本地區的總體圖象是：一群國家大體上已走出了政權合法性與國族建立的早期階段，預備把他們認定的領土權利往海岸之外去推進。這種向外集體推動的現象，出現在地球的人口輻輳中心：東南亞的六億人口在此地與中國的十三億人、印度次大陸的十五億人匯合。所有這些國家的地理交會點在海上，亦即南海。

南中國海扮演著西太平洋及印度洋之咽喉的角色——全球海運路線在此匯合，成為連結經濟結構的中心。這裡是歐亞大陸適於航行的邊緣地帶的中心，麻六甲、巽他、龍目和望加錫海峽散布於其間。全世界商船年運量有半數以上通過這些瓶頸，全世界海上交通有三分之一經過此地。[2]從印度洋穿過麻六甲海峽，取道南海、運往東亞的石油，是經過蘇伊士運河的三倍、經過巴拿馬運河的十五倍。大約南韓三分之二的能源供應、日本和台灣將近六成的能源供應，以及中國八成的原油進口要經過南海。[3]通過波斯灣的只有能源，但在南海，你會看到能源、成品和半成品。

除了地理位置位居中央，南海已證明有七十億桶石油的蘊藏量，以及估計九百兆立方英尺的天然氣蘊藏量。如果中國的估計正確，南海最後將產出一千三百億桶石油（有人嚴重懷疑此一估計），那麼南海的石油蘊藏量將是世界第二大，僅次於沙烏地阿拉伯。某些中國觀察家已經稱南海是「第二個波斯灣」。[4]如果南海真的有這麼多石油，中國就可以部分緩解它的「麻六甲困境」——依賴此一狹窄、脆弱的麻六甲海峽從中東運來那麼大量的能源需求。中國海洋石油公司因為相信南海的確存在如此巨大數量的石油，已投資兩百億美元。[5]中國瘋狂追求新能源。中國的石油蘊藏量只占全球蘊藏量的百分之一．一，可是它的使用量超過全球石油產量的百分之十，也占全球能源使用量的百分之二十以上。[6]

南海具有極關鍵的戰略重要性，並不只是因為它的地理位置和能源蘊藏量，還因為環繞這片水域——有兩百多個小島、岩塊和珊瑚礁星羅密布其間，可是其中不到四十個永久性地浮在水面上——出現領土爭端。這些會遭受颱風襲擊的彈丸之地之所以有價值，主要是因為在它們附近的海底星羅密布的礁石、暗沙或許有豐富的石油與天然氣。汶萊主張對南沙群島南方一島礁有主權。馬來西亞主張對南沙群島三個小島有主權。菲律賓主張對南沙群島八個小島以及相當一大片的南海有主權。越南、台灣和中國也都各自主張對大部分的南海海域以及所有的南沙和西沙群島具有主權。二〇一〇年中，傳出中國稱南海為其「核心利益」時，引起相當的騷動。結果發現，中國官員從來沒有這麼說，不過這無關宏旨。中國的地圖一直都很一貫。北京聲稱擁有它所謂的「歷史悠久的國界」：也就是通稱「牛舌」的整個南海中心，即從海南島向南一千二百英里、直抵新加坡和馬來西亞附近島群四周的一大圈。這一來所有這些沿海國家統統跳出來反對中國，並且爭取美國在外交上、軍事上撐腰。譬如，越南和馬來西亞正在設法劃分從東南亞大陸到馬來西亞所屬婆羅洲之間的南海南部的所有海床和地下資源：這當然引起中國強烈的外交抗議。[7]亞洲開發中國家的能源消耗量預料到二〇三〇年將會倍增，而中國將占其中半數增加量，這些相互衝突的權利主張只會愈演愈烈。[8]

英國海軍專家傑佛瑞·狄爾（Geoffrey Till）寫道：「弔詭的是，如果後現代時代是全球化當道」，那麼「支持全球化的每樣東西」，如貿易路線和能源蘊藏量，全都充滿競爭。談到貿易路線，九成以上的商業物品從一洲運到另一洲都靠水路。對於海洋此一新認識乃是全球化的結果，它發生在東南亞一群相對新興獨立國家相互提出領土主權主張之際；這些國家直到近年才有辦法在海上耀武揚威，在大英帝國時代根本不會出現這類問題，因為當時英國稱霸全球，而它強調自由貿易和海上航行自由。[9]東南亞各國軍艦在海上「常態性」迫近接觸，以這種方式炫耀實力，創造出武力衝突的風險。[10]

二〇一一年，南海某沿海國家高階官員和我進行不做紀錄談話時，非常直率地表示：

「中國人從來不就他們的主張提出合理論據。他們完全是天朝心態，而且堅決不肯將這些爭端提到法庭處理。」這位官員說：「中國否認我們對自己的大陸棚的權利。但是我們絕不允許被當作西藏或新疆對待。」這位官員說，中國對待菲律賓和對待越南一樣強悍：越南在歷史上和地理上一向與中國你爭我奪，菲律賓則是個弱小國家、容易欺負。這位官員又說：「有太多國家對南海水域提出主權主張。問題之複雜不易有全盤解決方案，因此中國就按兵不動，等它變得更強大再說。經濟上，所有這些國家都將受到中國主宰」，除非是中國經濟本身瓦解。一旦中國在海南島的地下潛艇基地竣工，「中國將更能隨心所欲」。同一期間，美國海軍艦艇頻頻造訪本地區，「因此爭端已經國際化」。由於沒有實際可行的政治或司法解決方案，「我們支持維持現狀」。

我問他：「如果這一招行不通，你有什麼替代計劃來面對中國？」

「替代計劃就是美國海軍——太平洋美軍司令部。但是，美、中若有任何爭端，我們在公開場合將保持中立。」為免我聽不懂弦外之音，這位官員說：「需要借重美國駐軍才能對抗中國，但是我們不會公開呼籲。」即使美國只從西太平洋撤走一支航空母艦戰鬥群也會使局勢不變。

在此期間，南海已經成為劍拔弩張的火藥庫，即使島礁之爭大部分已經定奪。中國已占領十二個地塊，台灣占領一個，越南占領二十一個，馬來西亞占領五個，菲律賓也占領九個。換句話說，生米已煮成熟飯。或許還能洽妥分享石油和天然氣田的安排。但是很不清楚的是，彼此有主權爭議又有特別緊張的外交關係的國家，如越南和中國，究竟能協商出什麼結果。

以富有石油及天然氣蘊藏量的南沙群島而言，中國、台灣和越南都宣稱擁有全部主權，馬來西亞、菲律賓和汶萊也宣稱擁有一部分主權。中國在七個島礁營建水泥直升機起降平台和軍事結構。中國一九九〇年代在菲律賓的眼皮底下，占領了美濟礁，它興建一棟三層樓建物和五座八角型的鋼筋水泥結構，全都供做軍事用途。中國在赤瓜礁興建一座建物，部署了強大火力的機關槍。台灣占領太平島，在島上蓋了數十個軍用建築物，派駐數百名部隊和設有二十座海岸砲。越南在它所占領的二十一個島礁上，在上面興建跑道、碼頭、兵營、儲藏槽和砲陣地。前面也說，馬來西亞和菲律賓各自派出海軍特遣隊，占領五個及九個島礁。[11] 任何人若是預期全球化之後，領土疆界和為領土而戰將失去意義，應該看看南海。

中國今天在南海的地位，就有如美國於十九世紀及二十世紀初在加勒比海的地位一般。

美國承認歐洲列強在加勒比海的駐軍和權利主張，但還是要設法主宰此一區域。一八九八年的美西戰爭（主要是為爭奪古巴而戰），以及一九〇四至一九一四年的開挖巴拿馬運河，象徵著美國作為世界大國的時刻來了。這項發展乃緊跟著美國邊境封閉而來並非意外，因為印地安戰爭的最後一場重大戰役在一八九〇年結束。甚且，美國是因為主宰大加勒比海盆地，才實質控制了西半球，而它實質控制了西半球，才能影響東半球的力量平衡。中國在二十一世紀或許也會如此。

中國已有一千五百枚短程彈道飛彈瞄準台灣，而且每星期有兩百七十班次民航班機飛往台灣，它將可以不必動用海上入侵就制伏台灣，結束台灣主權之爭。就和美國封閉邊境一樣，中國在未來幾年若是實質拿下台灣，它的海軍規劃人員就有能力終於可集中精力在更廣大的南海上面；南海是印度洋的前廳，中國也希望海軍勢力伸入印度洋，以便保護它來自中東的能源供應。倘若中國取代美國海軍，成為南海的主宰大國，或即使只是與美國勢均力敵，這對中國開放出的地緣戰略可能性，將不遜於美國獨霸加勒比海後的機會。

可以肯定的是，南海不是加勒比海。事實上，它更加重要。加勒比海離主要的海上運輸線很遠，南海卻位於主要的海上運輸線之中心。

無關人權

由於南海是西起非洲之角、東抵日本海此一海上主要運輸線交會之處，獨霸南海的國家遲早有一天將主宰東半球適於航行的邊緣地帶。當然，反轉過來的情勢說不定更有可能性：那就是沒有任何國家能獨霸南海。南海之所以十分重要，還有另一個原因，因為它即將成為全世界競爭最激烈的水域。

美國海軍目前獨霸南海。但是這個情勢會變。美國海軍的兵力規模已經大幅下降，雷根時期美國有將近六百艘各式軍艦，到了柯林頓時期還有三百多艘，而今已不到三百艘。到了二〇二〇年，其數量或許還會減少，由於未來將出現巨幅的財政赤字，目前還在服役的潛艦和水面艦基於開支過分龐大，加上未來預算還會砍，這些軍艦都將要除役。同一時期，目前已是世界第二強大的中國海軍又在大幅成長中。中國沒有全面性採購各種軍艦，而是發展水下作戰及彈道飛彈技術的特殊能力，例如東風21丁型飛彈可打中移動中的海上目標，如美國航空母艦。如果中國按照原定計劃，在二〇二〇年之前把潛艦擴張至七十八艘，它的潛艦數量將與美國海軍相等。[12]美國海軍的潛艦全是核子動力，它需要靠這個特質才能航行到半個地球之外，才能及早趕到東亞；可是，中國的柴、電動力潛艦非常地安靜，因此可以在東亞擁擠的島礁中躲得更好。中國頗有可能有效阻止美國海軍橫行無阻進出部分南海水域。

因此，在中國海軍隨著經濟不斷成長而日益強大之時，已經呈現在其地圖上的中國對南海的主權主張與其他海岸國家的主張相互牴觸，於是這些其他國家將被迫進一步發展自己的海軍力量，並愈來愈依賴美國海軍以制衡中國：美國海軍的力量恐怕已經到了極致，而且還必須分出相當大資源到中東。全球多極化在外交上和經濟上已經很彰明，但是南海將讓我看到多極化在軍事上會有什麼狀況。德國領土構成冷戰的軍事前線，南海水域也有可能成為未來數十年的軍事前線。

對於這個新前線，不要有什麼羅曼蒂克的想法。第二次世界大戰是反法西斯主義的道德鬥爭，冷戰是反共產主義的道德鬥爭，後冷戰（post-Cold War）則是反對發生在巴爾幹、非洲和黎凡特*的種族屠殺，以及反恐、支持民主的道德鬥爭。南海則告訴我們，儘管人道主義者和知識分子有種種懷疑，二十一世紀的世界沒有道德鬥爭。除了北韓共產主義暴政這個冷戰遺跡，整個東亞根本沒有人道主義者發揮的空間。因為根本沒有不同理念的敵人要對付。事實上，東亞只關心貿易和生意。即使中國仍有異議人士遭受打壓，但還達不到天理難容令人髮指的地步。

中國政府展現出低卡路里版本的威權主義，它只有資本主義，已沒有什麼統治的意識型態。甚且，中國社會在未來幾年可能變得更加開放。中國的領導人是幹練的工程師和地方省市首長，致力於改善及平衡經濟，也遵守強制退休年齡。這些人不是阿拉伯世界被推翻的那些昏庸老朽的領導人。中國沒有法西斯主義、也不搞軍國主義，但和東亞每個國家一樣，它愈來愈以根深蒂固，甚至是日漸高漲的舊式民族主義為政權基礎：毫無疑問，這是一種思想，但不是十九世紀中葉就吸引自由派人道主義者的那種思想。

十九世紀時，歐洲民族主義引發反抗帝王統治的道德社群。但現在知識分子和作家記者們所嚮往的道德社群是普世的，包含所有的人類，因此，民族主義因為其人道只限於某一特定族群，被認為幾近反動。（這正是為什麼數十年來媒體被吸引投向國際組織，如聯合國、歐盟或北約組織等等——因為它們代表超越國家主權的一條道路。）可是，儘管有了東南亞國家協會（Association of South East Asia，簡稱東協，中國稱東盟）這種跨國組織，在亞洲

---

* 譯注：Levant，即地中海東岸的西伊拉克、敘利亞地區。

驅動政治的主要還是傳統的民族主義，而且短期內不會改變。如今民族主義驅動了軍隊的現代化——尤其是海軍及空軍——以便保衛主權，以它來對有爭議的海洋資源提出主張。

在二十一世紀這個嶄新、又有點枯燥無味的地貌裡，沒有什麼事關是非對錯的哲學問題要思量。一切都攸關權力，尤其是權力的平衡。亞洲國家峰會上的言詞或許柔軟，在有爭議的海域部署卻是強硬的。陸地戰爭涉及到占領平民老百姓，這經常導致人權災難，因此外交政策竟然淪為大屠殺（Holocaust）研究的一個支流。但是海權的運用是純粹軍事事務。除非涉及到砲轟海岸，通常死者全是海軍官兵，因此可說沒有「無辜死者」。二十一世紀初期的南海，將持續居於地緣政治的中心，很像二十世紀的中歐。但是它又不像中歐，不會構成知識分子或作家記者關注的焦點。

遠離二十世紀的歐洲，現在地緣政治和人權問題一刀兩斷，這有助於南海成為政策及國防分析家的範疇，而不是知識分子和媒體菁英的領域。現實主義，很清楚不涉任何道德意涵，它專談利益，不談一般世界的價值，也因此將會得勝。這也是為何南海將會象徵人道主義的兩難。

此一觀點有一大例外，即是自然環境。二〇〇四年十二月印度洋大海嘯發生在南海附近*，死者人數超過伊拉克戰爭。即使沒有氣候暖化，在環境脆弱地區氣候的正常變化和地震活動，加上海岸地區人口持續增加，實際上保證了未來數十年南海周圍偶爾將會發生人道上的大災難。海軍必須要做出回應。印度洋大海嘯時，美軍即以大陣仗馳援，由一支航空母艦戰鬥群領銜救災，它運用軟實力補強硬實力。人道援助印尼導致美國恢復多年來已失去的和印尼軍方之關係。媒體對印度洋大海嘯的報導顯示，透過媒體扭曲的鏡頭，南海會呈現給世界什麼樣的面貌。專家會定期追蹤這些水域的海軍活動，而媒體只會在發生天災時才以重要版面或黃金時段大幅報導。但是即使在這些天災當中，與二十世紀的歐洲做比較，人權角度將會失音，因為固然會有受害人，除了大自然之外，卻沒有惡棍。若是沒有惡棍，就不會有分別善惡的道德抉擇，換句話說，從哲學角度看，不會有什麼高潮迭起的大戲。

真正上演的道德大戲即是嚴苛的權力政治，會使許多知識分子和記者麻木的那種權力政治。試想修昔底德斯（Thucydides）在《伯羅奔尼撒戰爭史》（*History of the Peloponnesian War*）第五章中描述的米洛斯對話（Melian Dialogue）的情景，但是沒有殺戮米洛斯人民、

* 譯注：具體而言是蘇門答臘島附近印度洋海域。

沒有將婦孺收為奴隸——已經足以構成悲劇。在這場修正版的二十一世紀米洛斯對話當中，希臘最強的海權城邦雅典告訴米洛斯人，由於雅典強、米蘭弱，因此必須順服。修昔底德斯寫道：「強者可以為所欲為，弱者只能逆來順受。」[13]因此，米洛斯不抵抗就降服了。這將是中國不宣明的戰略，而東南亞的弱國或許會投向美國以避免米洛斯人的命運：換句話說，權力政治幾乎可以簡化為數字盤算，而不需要訴諸刀槍。

冷戰除外，南海預示著一種非常有別於從第一次世界大戰到伊拉克、敘利亞戰爭的衝突形式。自從二十世紀開始以來，我們即飽受一方面是大規模、傳統的陸戰，一方面是卑鄙、非正規的小型戰爭之煎熬。由於兩者都造成平民重大傷亡，我曾經說過，戰爭不僅是將軍的主題、也是人道主義者的話題。但是在未來，我們可能在海上目睹一種形式更純粹的衝突（至少在東亞是如此），不會給新聞記者太多發揮的空間，它更像美國和蘇聯之間的鬥爭，但不太會發生陸地作戰。這是好事。因為衝突是人類困境（human condition）當中無法消除的一環。馬基維利的《論李維》（*Discourses on Livy*）的主題之一是，若是控制妥當，衝突比起一灘死水式的安定更可以推動人類的進步。擠滿軍艦的大洋未必就表示亞洲不會有繁榮與進步。

中國因素

但是，南海的衝突能夠妥當地控制嗎？畢竟，到目前為止，這個論述都先假設本地區不會爆發大規模戰爭，各國會滿足於以戰艦在公海上決鬥，並且對天然資源各說各話、提出主權主張，或者甚至同意透過談判，公平分配這些資源。但是，假如中國甘冒大不韙悍然入侵台灣，會是什麼狀況？假如中國和越南擺脫不了悠久歷史中的血海深仇，又像一九七九年那樣爆發戰爭，而且這次動用更加致命的武器，那又會是什麼狀況？不只是中國力求提振軍力，東南亞其他國家大體亦然。他們的國防預算在過去十年增加約三分之一，而歐洲各國國防預算則在下降。印尼、新加坡和馬來西亞的武器進口自從二〇〇〇年起，分別增加百分之八十四、一百四十六，以及七百二十二。這些經費都花在海軍及空軍的載台：水面艦艇、配備先進飛彈系統的潛艦，以及長程噴射戰鬥機。越南最近花了二十億美元添購六艘最新穎的基洛級俄製潛艦，又花了十億美元購買俄製噴射戰鬥機。馬來西亞最近在婆羅洲開啟一個潛艦基地，中國也在南海另一邊的海南島興建一座可容二十艘核子潛艦的地下基地。[14]美國因為大中東的陸地戰爭分神，不遑兼顧，軍事力量已悄悄地由歐洲移向亞洲。亞洲正在打造真正的軍—民、後工業複合體，並特別著重海軍兵力。

南海的地緣政治至少在一個方面很單純。這不是類似第一次世界大戰之前歐洲的那個複雜、變動和多極的帝國同盟。在這片海域只有一個所謂的在地強權中國之威脅；從地圖上，中國透露它有在本地區施行加勒比海式控制的意向。但是，鑒於中國本身的地理情勢，及它在十九世紀、二十世紀的歷史來看，中國對南海的執著並非不合理。

整個南海的北方疆界就是中國大陸。的確，中國的南海海岸線西起中越邊界、東至台灣海峽，正好包括了中國主要的人口和經濟中心：與香港鄰近的廣東省及其巨型城市廣州。另外還有中國的海南島，它是中國最大的經濟特區，也主宰著富藏能源的東京灣，因此扼守著北越進出廣大的南海。

中國地圖顯示它的半個海岸面向南方的南海，另一半則面向東方的渤海、黃海和東海。因此，中國向南看到的海域順時鐘方向是由台灣、菲律賓、分屬馬來西亞和印尼的婆羅洲、分屬馬來西亞和泰國的馬來半島，以及長蛇狀的越南海岸所圍起來。和中國一比，全是弱國。加勒比海有許多小島國星羅棋布，被大陸型的美國包圍，南海和它近似，也是一個大陸型國家投射力量、拓展勢力範圍的明顯目標，而且這個國家在相當大程度上包圍著它。南海既是中國擴張的理想空間，客觀來講也是攸關中國利益的一塊大地區，因為中國極大數量的能源來自中東，必須穿過印尼幾個海峽、經過這片海域。的確，把印度洋和西太平洋連結起來後，南海成為中國進入從撒哈拉沙漠到印尼群島這整個伊斯蘭世界的門戶；它有如加勒比海因為興建巴拿馬運河，產生相當於麻六甲海峽的作用，使得美國東岸能進入太平洋。可是，南海的門戶作用卻受到海盜及恐怖分子的威脅，他們多半與伊斯蘭人口眾多的弱國菲律賓和印尼有關。地理決定了強大的中國海軍必須在南海巡弋，這一點相當可以理解。實質性的主宰南海有助於中國成為真正的兩洋海軍：既是西太平洋的海軍、又是印度洋的海軍。中國必須聚焦在台灣和朝鮮半島，只是因為當前的挑戰，南海才是中國地緣戰略未來的鎖鑰。

但是另有一個更深刻的原因促使中國前進南海、突破太平洋第一島鏈：那就是中國在過去千百年來是堂堂大國、世界文明之重心，但不久之前卻差點被西方列強瓜分。任何人都不應美化、敷衍中國過去一百五十年的際遇。除非深刻明瞭中國這段歷史經驗，我們無法了解今天中國為什麼要在南海有所作為。

十九世紀，清朝淪為東亞病夫，中國失去極大領土——朝貢國尼泊爾和不丹被英國搶走；印度支那被法國搶走；台灣和朝貢國朝鮮，以及庫頁島被日本搶走；外蒙古、阿姆河流域和烏蘇里江流域被俄羅斯搶走。[15]進入到二十世紀，日本強占山東半島和滿洲，直逼中國心臟要害。此外，還有令中國人感到奇恥大辱的治外法權協定：十九世紀、二十世紀初的西方列強奪走對中國某些城市，即所謂通商口岸的控制。耶魯大學歷史學者史景遷（Jonathan D. Spence）在《追尋現代中國》（*In Search of Modern China*）中告訴我們，到了一九三八年，由於這些掠奪以及國、共內戰，「原本在大清帝國統一治下的大片領土，分裂為十個單元」。中國人深深恐懼「中國即將遭到瓜分，即將亡國，四千年的歷史將戛然而止」。伴隨而來的可怕狀況就是中國又回到西元前三世紀的戰國時期；或是西元三至六世紀，以及十至十三世紀的動盪與分裂。[16]*中國挺過當年的夢魘，於十六世紀的明朝和十八世紀末的清朝，在國力與領土面積上達到空前鼎盛，而今它即將向海洋推進，以便防衛它通往中東的海上交通線，進而確保其廣大人民的經濟福祉。中國努力擴張戰略空間，即是向世人宣告：它絕不再像過去兩百年聽任列強予取予求。

美國衰弱的指標

了解越戰，有助於我們處理中國在東南亞的崛起。越戰不時被人拿來比擬雅典人在西元前五世紀末遠征西西里卻慘遭鎩羽的故事。修昔底德斯所寫的《伯羅奔尼撒戰爭》第七卷對此有詳細記載。雅典從派兵介入西西里到最後慘敗，前後歷時十四年：從甘迺迪政府起初派兵進入越南，到福特總統最後撤軍，前後也是十四年。美國的越南盟友遭到共產黨勢力圍攻，美國被誘千里迢迢從半個地球之外派兵增援，這就好像雅典因它位於西西里的盟友有難，受到與雅典宿敵塞拉庫斯（Syracuse）結盟的另一個西西里城邦國家威脅，而且塞拉庫斯又是斯巴達的盟友，遂派兵介入。甘迺迪政府先是派遣人數有限的特種作戰部隊進入越南，這項承諾在詹森總統任內增長到超過五十萬名正規部隊；雅典最初是派二十艘船艦支持其盟邦和塞拉庫斯對抗，但是很快就上升為一百艘戰船、無數的運輸船，以及五千名重甲步兵，這一來整個雅典海上帝國的威望似乎全繫於在遙遠的西西里是否能取得軍事勝利。雅典

＊ 譯注：指魏晉南北朝及五代十國。

不斷投入兵力。西西里遠征以雅典戰敗、四萬名士兵被殲而結束，六千名倖存者淪為塞拉庫斯採石場工人或被售為奴隸。美國介入越戰以共產黨北越戰勝南越，最後一批美國人從西貢美國大使館屋頂倉皇坐上直升機逃命而告結束。

被絕望和懊悔所癱瘓，雅典經過相當長一段時日才能振作起來繼續對抗斯巴達。美國在越南失利之後也產生嚴重的信心危機，在蘇聯及其盟友威脅和推翻尼加拉瓜、安哥拉、衣索比亞和阿富汗等美國盟友時，華府袖手旁觀。現在，越南又再次隱然出現在美國的命運之中。這一次的懇求更周延、低調，沒有要求美國出動地面部隊，也沒要求美國參與作戰：他們只要求美國維持權力平衡。他們希望美國在未來數十年於南海維持強大的海、空軍兵力。今後越南的命運是什麼？是中國的準附屬國，還是負隅頑抗中國的勁敵？從中可以清楚看出今天美國提供給世界的保障是否能延續至未來，看出美國是否衰弱，或是它是否退縮至準孤立主義，或是它得分神去照顧別的地區。

中國的經濟已出現瓶頸，這一點我們曉得。但是美國式微，或者至少部分美國兵力撤出世界，也是可能的。美國經濟正在從大蕭條以來最慘重的經濟危機中力求復甦。同時，海、空軍作戰載台的成本也高得令人咋舌。新的福特級航空母艦一艘造價一百二十億美元，這還不包括飛機或其他配備。每艘最新型設計的朱瓦特（Zumwalt）級驅逐艦造價將近四十億美元。F-22猛禽匿蹤戰鬥機每架造價二億美元，F-35閃電II式戰鬥機每架一億三千五百萬美元。除了在全球各地——尤其是東亞——投射海、空力量成本高昂之外，美國民眾、以及華府的國防和外交政策菁英之部分有力人士，鑒於在阿富汗和伊拉克戰爭中人命犧牲、外交聲望和財務支出的沉重，也已迫切感受到維繫一個帝國之不易（imperial fatigue）。伊拉克戰爭也像越戰，跑到遙遠國度軍事冒險，雖然可能不會以灰頭土臉或類似的慘痛代價收場，在某些方法卻也可以和西西里遠征做比較。美國這次會一如越戰之後在亞洲聞兵喪膽，直如雅典在西西里慘敗之後同樣一蹶不振嗎？

越戰之後，冷戰及隨之而來的蘇聯威脅，使美國介入世界事務。但是現在的威脅則十分模糊。以南海最危險的強權中國來講。劍橋大學歷史學者派爾斯·布仁敦（Piers Brendon）寫道，固然慘遭西方列強百年羞辱是「已經鐫刻在今天中國學生教科書上不可抹滅的一頁，中國人未必就是歷史的囚徒，他們有極其強大的經濟理由與美國尋求政治上的臨時協議」。[17]但是問題恐怕不是這麼簡單。對布仁敦說法最強有力的批駁，是米爾斯海默在《大國政治的悲劇》（*The Tragedy of Great Power Politics*）中的主張。米爾斯海默認為，由於國際體系陷入無政府狀態，沒有人當家做主，沒有守夜人能夠強制執法，實際上沒幾個國家會支持維繫現狀（status quo powers）：每一個大國的目標都是「最大化它在世界權力所占的比例」，這與其是不是民主國家無關。因此，「尤其是強大的國家往往會追求區域霸權」。[18]言外之意就是，不論其政治制度是否變得更加開放，中國理所當然會追求區域霸權。經濟疲軟或許只會使它更傾向民族主義。

事實上，布仁敦和米爾斯海默都可能對。中國即使追求區域霸權，它也可能與美國尋求臨時協議。中國將會繼續發展遠洋海軍，以及附帶的空軍及飛彈兵力。從地理上來說，中國建軍的焦點將是南海，能夠控制南海就有可能實現區域霸權。與此同時，北京將會努力不懈追求與華府有良好的經濟和政治關係。華府方面即使在許多議題上與北京合作，還是會制止北京走向區域霸權。南海就和東海、朝鮮半島一樣，將成為這個緊張又矛盾的關係之中心舞台。由於北韓的未來有太多不確定，中國要在朝鮮半島走上稱霸之路比較崎嶇，也充滿更多困難，不像在南海稱霸之路稍微單純，因為中國在南海只面對一些弱小又不團結的國家，其中越南算是最強大的。因此，南海遠比世界上其他任何地區，更能凸顯出美國式微、或甚至從其海外軍事基地部分撤軍後的代價。我們從南海可以看到的，正是美國能提供給世界的已經垂垂危矣，隨之而來更糟的是，從海、空軍力來說，世界真的變成多極的了。

由於美國主宰西半球，又有力量勻出來影響東半球的權力均衡，美國不僅維繫住世界和平（除了偶爾在某些地方爆發的小型戰爭），它也鞏固了「全球公域」（global common），也就是說允許國際貿易的海上交通線。沒有美國的海、空軍，我們所知道的全球化不可能存在。俄國企圖徹底破壞東歐及中歐國家的主權卻不能得逞；中東到目前為止至少避免了跨國大屠殺；印度和巴基斯坦數十年來沒有發生全面戰爭，也從來沒用過他們的核子武器；北韓只是叫囂要針對南韓及日本發動大規模軍事侵略，但並未實際付諸行動，凡此種種極大因素是美國在全球撐起安全大傘。陷入戰爭的小國家，不論是以色列或喬治亞，還能夠存在是因為美國軍事的力挺。沒錯，美國在全世界部署海、空軍武器，使美國的外交有了實力撐腰，可以用來到處支持民主國家和自由社會。美國若是大幅減低其兵力部署，全世界恐怕就要面目全非，尤其是南海。

美國可以使中國守規矩：把中國的擴張限制在它的地圖之內，中國的外交官和海軍才會在理性範圍內活動。這不是說美國的行動大公無私，而中國必然就是窮凶極惡。譬如，美國定期在西太平洋針對中國進行機密偵察活動，但是如果某個敵對大國在美國鄰近海域針對美國進行類似偵察活動，它一定難以忍受。[19]美國提供給南海地區各國的，不是民主價值，而是它的赤裸裸的硬實力，可以制衡中國的力量。美、中之間的權力平衡才使台灣、越南、馬來西亞、菲律賓、印尼和新加坡保住自由，能夠在兩大超級大國之間求生存。在這個自由空間內，東協這樣的區域主義才能形成一股力量。可是這樣的自由不能被視為理所當然。美國和中國之間的緊張、持續對峙——從網路戰到貿易、到貨幣改革、到監視彼此的軍事力量等等一系列複雜的議題都針鋒相對——因為中國經濟的絕對增長（即使增長率已經下降），加上中國在地理上毗鄰東亞和西太平洋，可能會轉而對中國有利。

華府的「戰略及預算評估中心」（Center for Strategic and Budgetary Assessments）主席安德魯・克里皮尼維奇（Andrew F. Krepinevich）認為，西太平洋國家慢慢地被中國「芬蘭化」：意即他們將維持名義上的獨立，但終究會遵守北京訂定的外交政策規則。他指出，中國人民解放軍認為美國的作戰網絡「高度依賴人造衛星和網際網路來辨識目標、協調攻擊、導引『精靈炸彈』等」，這成了其「罩門」。他又說，中國人已在二〇〇七年試射反衛星飛彈，據報導已經能夠針對美國衛星施加雷射暫時性致盲，並且多年來已針對美軍進行網路攻擊。除此之外，中國已部署了大量彈道飛彈及巡弋飛彈，以及其他反進入／區域拒止武器（anti-access / area-denial）來破壞美國在亞洲的前進基地。[20]根據加州克雷蒙研究所（Claremont Institute）資深研究員馬克・賀普林（Mark Helprin）的說法，中國正處於能夠運用傳統人造衛星和一大堆迷你衛星，以及「那些可作實時調控的網狀化地面、水下和空中終端器，可導引其一千五百枚短程彈道飛彈攻擊美國的航空母艦。[21]它的目標不是要作戰，而是要調整兵力部署，以便在台灣問題、乃至西太平洋地區，使美軍逐漸不再被當作可仰賴的靠山。美軍失去可信度後，美國的太平洋同盟即可弱化。東南亞的芬蘭化的確可能代表多極軍事世界的陰暗面。

真正的軍事多極化有利於地理位置居於本地區最中心的國家：亦即東亞的中國。這是因為軍事條件相當時，地理與人口可以提供優勢。換句話說，軍事上多極的亞洲將是中國占上風的亞洲。中國在亞洲占上風，將與美國占上風，十分不同。由於中國不是位於半個地球之外，而根本就位在本地區地理、人口和經濟成長的中心，中國占上風自然就比美國占上風要更徹底一面倒。這還不說中國是個專制體制，即使沒有許多獨裁政體那麼霸道——不過，它可比絕大多數都更能幹——仍然沒有美國政體那麼和善，而這卻是決定美式帝國的一部分因素。

但是千萬別把軍事多極化和權力平衡混為一談。在亞洲要權力平衡，需要美國軍事占優勢，才能抵銷中國的地理、人口和經濟優勢。美國並不需要像過去數十年那麼強盛的優勢。事實上，考量到未來將會削減預算，美國在亞洲的軍事地位經得起減弱到某個程度，美國軍方只需在關鍵領域維持對中國軍方確切的優勢即可。靠著這些優勢即可維持權力平衡。

外交上和經濟上的多極化則不妨。很顯然，在相當程度上，美國在亞洲的地位最終要看它是否願意加入新的自由貿易關係，以及「全心全意」加入本區域的多邊經濟安排，因為東亞已是全球經濟主要的成長地區。[22]美國唯有更深刻進入本區域的貿易，才會有足夠的自利動機持續守護西太平洋的海上交通線。但是若所有領域都完全多極化，會導致南海變成中國的加勒比海，這一來會使中國居於主宰西太平洋和印度洋的地位。歐亞大陸的貿易體系主要是海上運輸性質，中國在大家平起平坐下當老大是不妨的，但條件是美國海軍需要扮演制衡的角色。

美國是否願意讓位？

對亞洲新地緣政治格局最完整的描繪，不是來自華府或北京，而是來自坎培拉。澳大利亞國立大學戰略研究教授休伊・懷特（Hugh White），寫了一篇七十一頁的長文〈權力轉移：處於華府與北京之間的澳大利亞的未來〉（Power Shift: Australia's Future Between Washington and Beijing）。懷特曾在澳大利亞政府任職，擔任情報分析官。他在這篇文章中形容澳大利亞是個最典型的「現狀」國家：熱切盼望亞洲局勢維持現狀的國家，中國能繼續增長，澳大利亞才可與它多做生意，而美國仍是「亞洲最強大國家」，才能作為澳大利亞的「終極保護者」。但是，懷特也說，問題在於這兩者不會持續下去。亞洲不可能在政治上、戰略上沒有轉變之下，經濟上卻持續變化下去。換句話說，如果中國經濟持續成長下去——雖然速率會大幅減緩，但應該還是會持續成長——儘管不是人均值最富有，它將超越美國，成為全世界最富有的國家，屆時它很自然不會滿意美國在亞洲的軍事稱霸。[23]

懷特指出，幾十年來亞洲蓬勃的發展已經被大家視為理所當然，但這其實是「非常了不起的戰略外交成果」，而其締造者正是尼克森總統和他的國家安全顧問季辛吉。尼克森和季辛吉一九七二年前往北京，與中國領導人毛澤東達成協議，「美國不再主張台灣的國民黨政府是代表中國的政府……作為回報，中國也不再挑戰美國在亞洲的地位，並且不再於本地區支持共產黨稱兵作亂」。中國也得到美國保護以對抗蘇聯，並且保障它不受經濟復興的日本欺凌。隔不了幾年，中國感受到安全，敢自由化其經濟，造福整個區域。和平已經在望，現在東南亞各國可以「自主」發展、繁榮起來。[24]

一九七九年在鄧小平號令下，中國摒棄馬克思主義經濟理論，使得它在晚於西方國家一個世紀之後，終於加入全球經濟。一加入之後，由於人口眾多，中國立刻躋身全世界最強大的經濟體之列，這一來亞洲安全局勢丕變，迥異於尼克森和季辛吉所打造的和平環境。[25]

中國現在想要什麼？懷特認為，中國人覺得華府獨霸加勒比海盆地之後，美國在西半球創造了新型的帝國，現在北京相信它將可獨步南海，也希望在亞洲能出現類似的新型帝國。用懷特的話來說，西半球這種新型帝國是，華府堅持它的觀點必須受到「充分考量」、並且優先於「來自西半球以外的任何國家」，在此前提下，美國的鄰邦「多多少少可以自由經管他們自己的國家」。這個模式要套用到亞洲的話，日本將是個問題。不論中國的霸權如何柔軟，日本可能不會接受。這一來就只剩下十九世紀的「歐洲協和」模式，中國、美國、日本、印度，加上或許另外一、兩個國家，以平起平坐之姿坐上亞洲大國議事桌。那麼問題又變成，美國會甘願紆尊降貴嗎？因為美國認為亞洲的繁榮和穩定是建立在它自身的優勢地位上。懷特指出，在中國崛起下，美國還想稱霸，亞洲可能就變成不穩定。美國還能稱霸之假設前提是因為中國在國內專制獨裁，它「在國外行徑將不能被接受」。但是，懷特認為，情況未必如此。[26]

換句話說，未來成為問題的可能是美國，而不是中國。我們，尤其是知識分子和記者圈子的人，可能太過關注中國政權的內部性質。中國政府大可以只在國內為非作歹，但在國外卻中規中矩——這也是為什麼亞洲的崛起讓各式各樣人道主義者找不到共識的另一個原因。我已經說過，美國的目標應該是平衡而不是稱霸。總而言之，由於未來四十年的亞洲恐怕會比過去四十年更加不安全，懷特建議澳大利亞或許必須「多花些經費在國防上，並且打造兵力更強的武裝部隊」。[27]亞洲其他國家恐怕也都是如此盤算。大海將因各國競相擴軍而更加擁擠。

權力，而非民主

海軍有何用？南海或許可以替二十一世紀上半葉的美國民眾回答這個問題。美國海軍已經殫精竭慮試著向美國民眾說明其使命：說明它為什麼需要數千億美元去維持數百艘軍艦，而且除非是住在海軍基地附近的美國民眾，一般人根本從來沒看過海軍軍艦，連在新聞上也少見。過去十年的頭條新聞大多是美國陸軍在伊拉克和阿富汗的衝鋒陷陣。媒體酷愛報導陸軍身陷槍林彈雨、生死交關的畫面。陸戰隊亦然，它雖是旨在執行兩棲登陸作戰的海軍部隊，基本上它在這兩場中東戰爭中作用與地面部隊差不多。但是在美國結束了上述戰爭，以及中國持續崛起導致東亞出現不同的、更不安定的安全環境時，情勢可能有所變化。由於亞洲主要是海上空間，它將賦予美國海軍一個「為何而戰」的使命。問題在於這個使命是否會及時出現，阻止南海——它是海上東亞的心臟——各國被芬蘭化？美國海軍退役中將約翰．摩根（John Morgan）擔心，即將大幅刪減國防預算的美國將要犯下嚴重的「海上錯誤」，亦即在歷史上全世界最需要美國海軍來維持權力平衡、進而保障台灣及越南等國家自由的這一刻，竟然削減其海軍兵力。今天要出兵保衛越南或許是美國民眾所不願幹的事情，尤其是在二十世紀美、越有一段刻骨銘心的歷史。但是，類似越南這樣一個國家的自由，或許又會象徵攸關美國的未來。再說一遍，不僅是我們的理念價值重要，支撐價值的軍事力量也很重要。

沒錯，在國際事務上，所有道德問題的背後就是力量的問題。一九九〇年代西方國家之所以能夠人道干預巴爾幹，只因為塞爾維亞政府不像俄國，它不是擁有核武器的大國；那時候的俄國在車臣也在幹同樣規模的暴行，西方國家就袖手旁觀；同樣的，西方國家也沒有行動反對高加索地區的種族清洗，因為當地也是俄國的勢力範圍。未來數十年在西太平洋地區，道德或許指的是為了安定，我們必須放棄某些最珍惜的理想。否則我們要如何至少騰出某些空間給中國這個大肆擴張軍力的準威權政體呢？（除非是內部社會、經濟崩潰，中國軍力將持續擴張。）因為權力平衡本身更勝於西方的民主價值，是確保和平的良藥。這也將是二十一世紀南海要學的一堂教訓——這堂課人道主義者並不想聽。

第二章 中國：納南海為中國內海

「日益強大的中國很可能試圖將美國趕出亞洲，
這與美國當年把歐洲列強擠出西半球如出一轍。
我們怎能預期中國會有不同於美國的作法？他們比我們更重視原則嗎？
比我們更講道德嗎？或是比我們不講究民族主義嗎？」

——米爾斯海默

亞洲軍備競賽與中國威脅

這是一個殘酷卻無法否認的事實：資本主義的繁榮導致各國爭相添購武器。國家在快速發展的過程中與外在世界擴大貿易往來，因而發展出全球利益，需要借助硬實力保護。十九世紀末期美國在內戰之後的經濟崛起，導致它建造一支強大的海軍。歐洲在十九、二十世紀之交，工業發展的最高點就是軍備競賽，而後引爆第一次世界大戰。到了我們這個時代，歐洲軍事力量之所以可以大幅減弱，是因為歐洲免費享受到美國海軍及空軍提供安全的海上運輸線。雖然中國和亞洲其他國家同樣也受惠於美國海、空軍子弟提供的警備服務，他們的情況與二十一世紀初期歐洲國家的情況大不相同。亞洲國家有相互衝突的主權主張，也缺乏類似北大西洋公約組織和歐洲聯盟的統合機制。誠如我們在前一章所見，許多國家在歷史上首次凝結為強大、團結的政體，因此可說是頗有心自己做主。這是他們數十年甚至是數百年來首度在陸地上獲致安定，所以終於可在海上提出領土的主張。的確，現代民族主義對他們是新穎的概念，他們不再像第二次世界大戰剛結束的頭幾十年的歐洲人一樣厭惡民族主義。因此權力政治在亞洲當道。亞洲國家不為理念而戰，卻為擴張領土而戰。

從一九七〇年代直到二十一世紀頭一個十年，亞洲的經濟可謂旱地拔蔥、突飛猛進，造成領導人個個覺得不可一世。英國在十八世紀末期花了將近六十年，將它在工業革命時期創造的人均所得增加一倍。美國在內戰之後也花了五十年達成同樣的目標，中國在二十世紀末期經濟起飛之後，只花了十年就將人均所得倍增。亞洲事務專家、《經濟學人》週刊前任總編輯比爾・艾摩特（Bill Emmott）說，從一九五〇年以來，亞洲整體的人均所得在不到六十年之內成長七倍。[1]

亞洲的軍力上升緊跟在它的經濟增長之後。澳大利亞國立大學戰略及防務研究中心教授戴思孟・包爾（Desmond Ball）說，從一九八〇年代末期至一九九〇年代末期，國防支出大幅上升，亞洲在全球軍事支出總額所占的份額幾乎倍增，從百分之十一上升到二十。亞洲的武器進口占世界總額的份額，從百分之十五上升到四十一。由於中國的經濟沒有受到一九九七至一九九八年經濟危機的影響，它的國防預算從一九八八年以來，幾乎每年以兩位數的比例成長，以致於它的國防預算在過去二十年膨脹為八倍。[2]二〇一一年，中國的國防預算又上升百分之十二・七，達到將近一千億美元。雖然美國的國防預算為七千零八十億美元，「兩國走向完全相反」。[3]甚且，美國五角大廈估計，中國二〇〇九年與軍事相關的支出高達一千五百億美元，此後肯定更往上攀升。[4]中國現在的軍事支出居全世界第二大，中國和日本的軍事支出遠遠超過德國和俄羅斯。[5]

包爾觀察到亞洲各國的國防支出已從「非威脅」階段的一般建軍和現代化，進入到「行動—反行動」階段，各個沿海國家熱烈進行軍備競賽，特別是在水面艦艇和潛艦、彈道飛彈及巡弋飛彈、飛彈防禦系統，以及各種電子戰和網路戰設備。

包爾指出，更糟的是，亞洲這一波新的軍備競賽及和它相關的區域安全動態，比起兩極的冷戰時期之情勢「更加複雜」，因為現在有更多的互動點，因此發生誤判及相伴而來的不安定之機率增加。[6]

特別值得注意的是，各國狂熱購置潛艦，因為水面艦艇已經愈來愈不堪飛彈攻擊。新加坡南洋理工大學拉惹勒南國際研究院（S. Rajaratnam School of International Studies）的盧福偉（Bernard Loo Fook Weng）告訴我：「潛艦現在當時當令最火紅，人人都想要。」潛艦是可以移動的、海底情報蒐集工廠。它們和航空母艦不一樣。航空母艦是國家威望的表徵，可以擔負種種不同的任務，如人道救援等。潛艦則純然是攻擊性質，即使它們其實也可以從事情報偵蒐，據此幫助一個國家了解另一個國家的意向和能力，進而發揮穩定局勢的功能。從另一方面來說，買到潛艦卻對軍事平衡造成危險的不確定，因為它們只要潛到水下，誰也不知道它們確切位置。潛艦可以不讓人知道它的位置，以非常侵入性的方式巡邏。

中國已有六十多艘潛艦，今後幾年內將增加到七十五艘左右，略多於美國。美國海軍水面作戰中心的詹姆斯·布瑟特（James C. Bussert）和美國海軍戰爭學院的布魯斯·艾勒曼（Bruce A. Elleman）寫說：自從二〇〇〇年以來，中國以「四比一的數量比美國多建造新潛艦」，自從二〇〇五年，又擴大差距為「八比一」，而同一時期美國海軍的反潛作戰兵力還在下降。[7]中國許多潛艦是柴電動力，美國所有的潛艦都是核子動力，而中國最新型的元級柴電潛艦比起核子潛艇更安靜。另外，西太平洋形同中國的本土海域，中國潛艦不需要像美國艦艇一樣，非得奔馳半個地球才能趕到亞洲軍事戰場。中國如火如荼地擴大建軍，很弔詭地代表中國目前可以等待、並採取善意的外交政策，因為時間站在它那邊。以目前中方的採購率和美方的除役率估算，到了二〇二〇年代末期，中國在西太平洋的軍艦數量將超過美國太平洋艦隊。

預料在二〇一〇年代結束之前，印度、南韓和越南各自將購置六艘潛艦，同時澳大利亞也將在二十年內購置十二艘新潛艦，不過最近的預算限制或許會影響它下修目標。新加坡、馬來西亞和印尼不久也將各自購買兩艘潛艦。馬來西亞的國防支出自從二〇〇〇年以來已增加一倍以上，它在二〇〇五年至二〇〇九年購入的傳統武器較前五年期增加百分之七百二十二。〔馬來西亞原先在一九八〇年代想要購買潛艦以對付越南，因為當時越南剛兼併南沙群島的安波沙洲（越南稱之安邦島），但是現在中國兵力蠢蠢欲動，它購買潛艦已經另有用途。〕新加坡是位於南中國海極南端的一個小小城市國家，現在位居全世界進口軍火最多的十個國家之一。同時，澳大利亞預計要在往後二十年動用令人咋舌的兩千七百九十億美元，購置新潛艦、驅逐艦和戰鬥機——當然是財源有著落的話。總之，根據提供市場調查給政府和造船業者的AMI國際公司的調查，計入南韓和日本的軍事現代化計劃，亞洲國家在二〇三〇年以前預計將採購高達一百一十艘的潛艦。[8]

南韓可能是亞太地區瘋狂建軍（尤其是海軍）的最佳例子。二〇〇六年，南韓決定在二〇一五年以前國防支出將增加一倍以上，達到一兆兩千四百億美元。除了潛艦和反潛作戰的巡防艦之外，這些經費將投資在六艘世宗大王（Sejong-class）級驅逐艦上，每艘驅逐艦將配備一百二十八枚以先進的神盾系統導引的飛彈。它還要購買F-15K猛擊鷹（Slam Eagle）空優戰鬥機、四架波音七三七空中預警機，以及可能的F-35匿蹤戰鬥機。日本在二〇〇九年底核准興建一整個新世代的大型直升機母艦（22DDH）*，這是反潛作戰的利器。[9]亞洲的軍備競賽可能是數十年來菁英媒體最疏於報導的消息之一。

若是與美國相比，所有這些亞洲國家的海軍統統是小巫見大巫，不堪一擊。可是，各國海軍都在盡力擴軍，美國軍艦的數量在未來數十年卻要減少。我在前面一章提到的軍事多極化，勢必追隨著經濟多極化和外交多極化而來。這種軍事多極化是更自由化、公義的世界之表徵；各地的國家將取代西方帝國，控制其本身資源。中國第一艘航空母艦最近下水，就某個程度來講，它只是一塊整修過的俄羅斯、烏克蘭「廢鐵」，只夠得上是兩棲攻擊艦，而非能與美國相提並論的航空母艦。[10]美國海軍軍官根本沒把它看在眼裡，事實上他們也不必介意它。中國海軍需要數年、或甚至數十年的訓練，才能充分地發揮航空母艦戰鬥群。但假如中國能維持其海軍現代化及擴軍的進度——這是很大的一個「假如」——到了二〇五〇年，它將有九艘航空母艦集中在西太平洋和印度洋，這時候的美國將有大約相同數量的航空母艦巡守全球。

---

* 編按：即出雲級，第一艘出雲號二〇一五年三月已經服役，第二艘加賀號預定二〇一七年交船。

由於線性思考有其限制，對未來的預測必然有所風險：目前的趨勢很少會像以前那樣繼續下去。但是鑒於中國曾建構偉大的世界文明，在其數千年源遠流長的歷史極大部分年代出現偉大的帝國，它會把過去一百五十年的衰弱視為必須扭轉匡正的走岔路，也是合理的。儘管中國經濟成長率在降低，儘管其國內緊張在加劇，這還是有可能的。甚且，第一艘航空母艦下水顯現中國有野心將它的海軍從旨在保護其海岸線的「海上拒止」（sea denial）型，轉型為更強大的「海上控制」（sea control）型，預示著它將發展成為一支遠洋艦隊。[11] 事實上，中國在二〇一二年才剛啟用其規劃的八艘新式071型船塢登陸艦的第四艘*：它每一艘可載八百兵員、氣墊船、裝甲車以及中型運輸直升機。倫敦國際戰略研究中心研究員克里斯丁·李·麥爾（Christian Le Miere）說：「擁有一支數量龐大且強大的兩棲攻擊艦隊，明顯表示有心投射實力。」（中國也啟用一批專做濱海作戰的056型匿蹤護衛艦。）甚且，中國在二〇一〇年超越南韓，成為全世界最大的造船國家，甚至它最好的潛艦和水面軍艦現在也配備先進的防空武器和長程反艦飛彈。[12]

民間全球情報分析機構「策略預測公司」（Stratfor）副總裁、東亞分析專家羅德格·貝克（Rodger Baker）說，即使中國已在加速訓練和持續部署以充實經驗，它還未充分開發與實踐讓艦隊運作所需而綜合各個分系統的中樞。但是他也說，在近海地區（南海與東海），中國未必需要進行有協調的艦隊活動，就能提供嚇阻和防衛——譬如，它可以利用螞蟻雄兵戰術（swarm tactics，又稱蜂群戰術），以陸基的航空及飛彈部署作後盾。中國也可以運用它所謂的「組合拳」。二〇一二年底，為了挑戰日本對位於東海的釣魚台／尖閣群島之實質行政管轄，中國「發動海、空軍，以及戰略飛彈群的聯合作戰控制」，並且配合經濟報復的威脅、拒絕出席在東京召開的重要財經會議，以及在國內鼓動反日抗議等手段。[13]艦隊若能配合外交及國家其他機關向對方施加壓力，它不必一定要有一流的作戰能力。（譬如中國重用多功能的非軍方海上力量，如海監船隊；它們可以霸凌南海和東海的鄰國，又不虞招惹美方等比例的反應，因為美國的海岸防衛隊根本不在西太平洋地區。）

請記住，中國現在僅花費約百分之二的國內生產毛額在國防上，而美國的國防支出卻占其國內生產毛額的百分之四．七。[14]因此，中國還有相當空間可增加其軍事預算。（同理，整個東亞過去幾十年國家經濟戲劇化增長，使得它們可以擴建軍力、卻不影響國防預算占國

---

* 編按：作者此說有誤，當年是啟用第三艘，第四艘是在二〇一五年一月下水。

內生產毛額的份額百分比。）

由於從戰略而言，海軍力量與空軍力量很難切割，二〇一一年一月十一日，也就是當時的美國國防部長羅伯・蓋茲（Robert Gates）與中國國家主席胡錦濤在北京會面前幾個小時，中國為其殲二十匿蹤戰鬥機進行原型機測試，意義特別深遠。殲二十是設計來與美國的**F-22**猛禽機——全世界唯一在服役的隱形戰鬥機——較勁。「比**F-22**大，有較大的油箱，它可以飛得更快、更高，被偵測到的機率也較小。」[15]自從二〇〇〇年以來，中國已將它第四代飛機從五十架增加到兩百架，即使它已將整體空軍從三千架戰鬥機降到兩千架。[16]這是軍事現代化要以更小、但更新的兵力結構為重的完美實例。是的，亞洲國家正在競相購買許多艦艇和飛機，然而，更重要的是，它們購買的都是尖端產品，可與它們未來的太空衛星偵察系統、現有的飛彈系統，以及電子和網路作戰力量配合。

尤其，根據美國國防部的說法，中國「有全世界最積極的陸基彈道飛彈及巡弋飛彈發展計畫」。[17]中國新的陸基反艦彈道飛彈——運用設在太空的追蹤系統提供的訊息——可以威脅到美國的水面船艦，特別是航空母艦。雖然美國保有大規模報復的力量，一想到它的航空母艦、巡洋艦、驅逐艦和巡防艦，不再像以前那樣固若金湯，必然會影響到美國航空母艦戰鬥群的部署模式。而影響競爭對手的行為，正是力量的本質。

根據耶魯管理學及政治學教授保羅．布瑞肯（Paul Bracken）的說法，中國不是在打造以「反海軍」為主要目標的傳統海軍，或是要把美國的海、空力量推離東亞海岸線。中國的無人飛機對美國軍艦發出雷射、中國潛艦用聲納做主動探測，以及中國聲響水雷發出啟動的噪音等等動作，都是在向美國軍艦發出訊號：北京知道它們的移動，如果這些軍艦太靠近中國領海，美國要自負風險。由於「對華關係十分重要，不容發生軍事衝突而傷害到它」，中方這一反介入戰略對華府產生相當大的政治效應。布瑞肯說：「中國警戒所產生的戰略影響還未大到使軍事均勢往它那一邊傾斜。它只是在美國決策盤算中增加新的風險因素。」[18]

美國軍事規劃人員把這些發展統統記下來。儘管北非和中東情勢頻頻站上報章雜誌頭條新聞，美國在亞洲附近的太平洋、印度洋和北冰洋仍維持優勢數量的海軍兵力。美國目前有十一個航空母艦戰鬥群*，其中六個常駐太平洋及印度洋。美國太平洋艦隊陸戰隊（U.S. Fleet Marine Force, Pacific）和太平洋空軍（Pacific Air Forces）在太平洋都各自擁有其軍種

* 編按：美國僅維持九個航艦戰鬥群，十艘航空母艦，其中一艘是會輪流進塢維修升級數年。

規模最大的指揮單位。固然從技術上講，美國所有這些海、空軍力量的續航範圍可涵蓋半個地球，其實它們首要目標是制衡中國。因為中國除了潛艦和噴射戰鬥機以外，還有七十五艘主要的水面軍艦，以及一艘新改裝的二手航空母艦；它還打算在短期及中期的未來，再添置四至六艘航空母艦。[19]

五角大廈**對付**中國的部署策略（即使它對此公開否認），在太平洋已是活生生的事實。按照普林斯頓大學范亞倫（Aaron L. Friedberg）教授的說法，「這倒不是因為中國已有各種不同數量的潛艦、水面軍艦和噴射戰鬥機，而是因為中國無論在地理、人口或經濟上都太大了，又位居亞洲的中心地位，使它對所有的鄰國構成潛在威脅。」范亞倫又說，同時，「中國和美國不一樣，中國沒有從本區域撤退的選擇。這個事實無從改變，但是任何小國家若想拂逆北京的意志，可就得三思了。」[20]中國雖「穩定地往全球擴張」，但已在包圍亞洲。[21]用美國海軍戰爭學院教授安德魯·艾瑞克森（Andrew S. Erickson）的話來說，美國海、空軍巡防全球、備多力分之際，「中國天生享有戰場集中的優勢」。[22]這一點，不僅在軍事上如此，在經濟上也是。即使中國的國防預算激增，它在二十一世紀頭十年期間與東協會員國的雙邊貿易躍升百分之六百四十。[23]換句話說，為了避免芬蘭化，南海各國必須依賴美國海、空軍力量的撐腰，但在此關頭美國國防預算卻日漸縮水；此外，南海各國或是冀望中國本身的經濟和國內安全突然惡化，以致減緩北京國防預算的增長。要說明一點：光是中國海、空軍兵力之上升、或光是它在亞洲的貿易興旺是不夠的，必須是這兩者結合起來，才會威脅到亞洲其他國家實質上的獨立，尤其是南海周邊國家。

無可爭議的主權

東北亞方面，中國、日本和南韓之間大致保持權力平衡（後兩者有美國駐軍支持）；在南海方面，中國卻是相當大的威脅，因為在我們這個快速軍事化的時代，美國軍方及政界對越南、馬來西亞和菲律賓，並沒有與對日本和南韓相等的深厚聯繫。固然美國過去曾在越南和菲律賓作戰，它現在卻在日本和南韓駐紮數萬兵力。日本和南韓本身有強大的軍事工業複合體，遠遠勝過南方弱國剛萌芽的軍力。這也是為什麼南海將是未來美國裁減國防預算時最明顯會招致政治和道德批評的地方。在這個區域，各國無不全力建軍，即使中國會遙遙領先。

用一個和上一章不同的地理定義來說，南海把西南的麻六甲海峽和北邊及東北的巴士海峽和巴林塘海峽和台灣海峽連結起來：換句話說，它把中東和印度次大陸的海洋世界與東北亞連結起來。它對亞洲的重要性，就有如地中海之於歐洲。如果你認為波斯灣和東北亞是非西方世界中兩個最關鍵的戰略據點，且美國絕不應讓另一個大國主宰它，那麼，位於它們之間、富藏能源的南海就是第三個。事實上，就地緣政治而言，它或許稱得上是非西方世界最重要的地緣政治要塞；其理由容後細表。

第一、先說南海為何可說是中國的關鍵戰略要害。新加坡南洋理工大學中國安全問題專家李明江分析道，它是華南安全的「天然屏障」，而華南是中國人口最稠密的已開發地區。南海的「堅強據點」使中國有一個延伸到印尼的一千英里戰略「腹地」，因此可以作為約束美國海軍第七艦隊經過太平洋和印度洋時的棋子。在南海有堅強的據點也有助於中國海軍突破美國主宰的西太平洋第一島鏈的桎梏。甚且，中國觀察家也抱怨說，其他競爭國家已在南海挖了逾一千個油井，遠超過中國本身離岸生產量好幾倍。[24] 控制南海的石油與天然氣蘊藏，可以稍微緩解中國對中東能源的依賴。[25]

中國宣稱對南海具有「無可爭議的主權」。中國海軍司令員吳勝利在新加坡的一項論壇上問大家：「如果我砍斷你的手和腳，你會有什麼感覺？中國對南海就是如此感覺的。」中國官員稱南海是「藍色國土」。[26]

中國宣稱對南海具有主權是自古已然。中國分析家主張，他們的祖先在西元前二世紀、中國的漢朝時即已發現南海各島。他們又說，西元三世紀中國代表團到柬埔寨時即已提到西沙和南沙；十世紀到十四世紀，即中國的宋朝和元朝，中國許多官方及非官方記載已顯示南海納入中國領土；十五世紀到十九世紀，明朝和清朝許多地圖把南沙列入中國領土；二十世紀初，清朝末年時，中國政府採取行動對西沙實施管轄。這還不說中國漁民數百年來已在南海享有權利，並且他們也對大小島嶼、礁石保有詳細記錄。[27]

另外，國民黨政府在第二次世界大戰之前及之後，也有一些官方地圖，把南海的許多島礁列入中國領土。這些地圖呈現U型牛舌狀，即所謂的九段線，中國分析家說它們早於當代國際法透過《聯合國海洋法公約》所做的詮釋就已經存在。縱使如此，分析家李明江指出，許多中國專家接受九段線「並不意味對整個南海都有完全的主權」。有一個實例可以證明中國願意妥協，那就是二〇〇四年中、越雙方就東京灣達成海疆協定，中國擁有百分之四十六．七七的東京灣、越南擁有百分之五十三．二三的東京灣。[28]然而，東京灣是個特殊的地理個案：它是南海一個半封閉的附屬區塊，中、越兩國已經貼近到近乎幽閉恐懼症的地步，因此中國可以在這個議題上稍做妥協，而不放棄對更廣大海域的主張。中國雖然追求主導地位，並不表示它會不合理。另一方面，牛舌部分可不能輕易讓步，以免在中國國內引爆民族主義反彈。

中國依據歷史提出主張之後，又以軍事動作做後盾。它調動位於北方青島的新型核動力攻擊潛艦和彈道飛彈核動力潛艦，穿過南韓邊的黃海，來到海南島的榆林港，中國的潛艦自從一九九〇年代以來已在南海海域任意穿梭。[29]中國已經派解放軍部隊進駐本地區許多係爭島礁，並且建造大型電訊偵測站。[30]它在海南島尤其大肆興建軍事電子設施。把最新的潛艦南調，以海南島為母港，配上眾多的通訊和情報蒐集設施，布瑟特和艾勒曼寫說，中國「逐漸發揮區域的海上控制」。[31]事實上，中國是運用它的陸地在控制海洋。[32]中國針對遠洋的野心也很大，它開發空中加油能力以便從海上向整個南海投射軍事力量。[33]雖然過去的傳統是，南海艦隊總是最後才進行現代化的艦隊，這個作法已大有改變，過去十年北京一直把最新的海戰裝備及飛機送到本區域。海南島往越南方向突伸，使中國在南海有最鄰近的碼頭。亞龍灣的海軍新基地「占地廣大」，有一千公尺長的水面船艦碼頭及兩百三十公尺長的潛艦碼頭。另外，它還特別開闢潛艦水下坑道，躲開空中偵察。即使東南亞國家努力現代化他們的海、空力量，最明顯的是馬來西亞*——它購進全新的F-15SG噴射戰鬥機、射手級（*Archer*-class）潛艦及威武級（*Formidable*-class）巡防艦——但相較於中國，它們還是望塵莫及。[34]

米爾斯海默的質問

其實，中國的所作所為也算不上太具侵略性。中國是人口眾多的經濟大國，地理上它是個廣大的大陸，並且在熱帶及溫帶有相當長的海岸線。它有心稱霸這個擠滿弱小國家的臨近海域，況且此一地區又可能富藏石油與天然氣，也是挺自然的事。如果它不這麼做，過去數千年的大國政治豈非要完全改寫？芝加哥大學政治學者約翰·米爾斯海默提出這個非常挑釁的說法：「日益強大的中國很可能試圖將美國趕出亞洲，這與美國當年把歐洲列強擠出西

* 編按：作者誤植，應是新加坡。

半球如出一轍。我們怎能預期中國會有不同於美國的作法？他們比我們更重視原則嗎？比我們更講道德嗎？或是比我們不講究民族主義嗎？」[35]總之，除非是國內社會經濟動亂使中國成長趨緩，美國軍方勢必要對日益上升的中國兵力做出重大的調整，這對本區域各國會有極大的政治衝擊。

中國成為稱霸南海的軍事大國，會有什麼樣的戰略效應？換句話說，南海將代表過去的天朝大國的復興嗎？在這個節骨眼上，我們應該把美國在加勒比海的經驗拿出來充分討論，才能對部署所有這些潛艦、噴射戰鬥機等等的歷史的脈絡有所掌握。加勒比海的歷史對目前南海的緊張提供另一個觀點的思考。

美國的地中海

我們或許可以把從佛羅里達到委內瑞拉的加勒比海，加上墨西哥灣，稱之為大加勒比海。這個大加勒比海把北美洲和南美洲結合為單一、統合的地緣政治體系，它的面積約略等於南海——一千五百英里乘一千英里。但是，這兩個大海在地圖上的視覺效果相反：南海是由大陸及眾多島嶼環繞著它，加勒比海則是大大小小島嶼位居其中心。但是我們也曉得，除非非常仔細看，地圖也會騙人：南海的確布滿許多島礁、沙洲，可是不論它們多麼渺小，它們掌握住重大能源資源的鎖鑰。

糖業革命是加勒比海歷史的重心，它造成商品及奴隸交易大增。到了一七七〇年，加勒比海每塊地區無不成為歐洲某個國家的殖民地。但是，隨著奴隸交易式微，歐洲人興趣轉向北美洲和南美洲的溫帶陸地，對加勒比海的熱情也消退。就在這時期，美國以帝國之姿崛起。譬如說，美國迅速跨越溫帶的北美洲乃是「強取豪奪」，可說是與中國人完成他們本身的大陸命運一模一樣。[36]的確，當美國處於其現代開發的早期階段，正如今天的中國時——特別是就其本土大陸的政治鞏固而言——美國已經想要主宰大加勒比海，把它當作是理所當然的地理利益範圍。一八二三年的門羅主義（Monroe Doctrine）就在這個背景下應運而生。到了十九世紀初，拉丁美洲已經大多不受歐洲國家統治，詹姆斯·門羅（James Monroe）總統和約翰·昆西·亞當斯（John Quincy Adams）國務卿，堅決反對歐洲列強以扶植附庸國家之姿返回加勒比海。用美國海軍戰爭學院教授詹姆斯·賀姆士（James R. Holmes）的話來說，他們希望「凍結現狀」。美國主宰大加勒比海，並不代表孤立主義，也不是本地人稱臣，更不是放棄國際合作。美國宣布門羅主義時，其海軍正與英國皇家海軍合作巡邏加勒比海，設法終結奴隸交易。[37]門羅總統並沒有想要歐洲海軍完全退出加勒比海，只想阻止他們在本地區陸地重新建立據點。門羅主義遠比一般人想像更細膩。

加勒比海有個關鍵的地理事實，就是它靠近美國，而與當時的歐洲列強千里迢迢，這就好比今天的南海，靠近中國，但與美國及西方其他大國間關萬里。歐洲所有列強當中，英國有全世界最強大的海軍，又在牙買加、千里達、英屬蓋亞那、英屬宏都拉斯和小安地列斯有基地，就很像今天在南海的美國海軍一樣，在當時居於最有利地位可在加勒比海挑戰美國。但是英國人沒有向美國挑戰，因為他們曉得美國一定會拚命保衛本身北美大陸往海上的延伸。（基於同樣的理由，美國現在對於在南海公開挑戰中國，必須十分小心。）甚且，固然英國在加勒比海是個關鍵的經濟和軍事因素，到了一九一七年，美國對加勒比海的經濟影響力，因為地理位置毗鄰、美國經濟又欣欣向榮，已經超過英國的影響力，一如中國在亞洲的影響力已經超越美國一樣。加勒比海因此被稱為「美國的地中海」。[38]

歷史學者理查．柯林（Richard H. Collin）寫說，在十九、二十世紀之交，「交通、通訊和工業技術等等我們一般稱為現代主義的東西，形成了複雜的交匯融合，改變了世界」。[39]而現代主義導致各種形式的砲艇外交以保護新的經濟利益，就有如後現代主義把今天的亞洲導向空中、海上和電子、網路作戰擴軍一樣。現代主義也導致美國希望在中美洲地峽蓋一條運河，以便貫穿大加勒比海和太平洋。

西半球的現代世紀於一八九八年美西戰爭在西班牙所屬的古巴爆發後，全面展開。這場戰爭也導致美國在南海的菲律賓擊敗西班牙。歷史學者柯林寫說：「美國展示給自己及歐洲看，它可以打、也會打贏在國外的戰爭。南方邦聯與北方聯邦的士兵並肩作戰，軍事的統一強化了美國在南北戰爭後政治與經濟統一所創造的強大國力。」[40]美西戰爭起因有一部分是出於有必要控制加勒比海航路，它也代表美國不爭霸的卓異主義（exceptionalism）之終結，它也成就了某種帝國。狄奧多・羅斯福（Theodore Roosevelt）率領他的騎兵隊志願兵團（Rough Riders，亦稱莽騎兵）在一八九八年古巴攻上聖璜山（San Juan Hill），而十年之後即將卸下總統之職時，他是西班牙在加勒比海和太平洋前殖民地的統治者、興建了巴拿馬運河，又因調解日俄戰爭獲得諾貝爾和平獎，並統領一支擁有二十二艘主力艦的海軍。同樣的，如果中國善意、不爭霸的觀點變成愈來愈不可能，它只能繼踵美國。柯林寫說：「把歐洲從新世界剔除掉，是老羅斯福外交政策的礎石。」[41]那麼中國是否會照米爾斯海默所說的，有一個把美國從亞洲趕出去的宏大、長期的戰略目標呢？

針對門羅主義的「羅斯福推論」（Roosevelt Corollary）發表於一九〇四年，聲明美國「只會在最後不得已才干預大加勒比海人民，只會在他們明顯沒有能力或沒有意願在國內外舉止正當而侵犯到美國權利，或招致外國侵略，危害到美洲國家整體時，才會干預」。老羅斯福的戰爭部長伊萊休．魯特（Elihu Root）明確地摒棄前任總統克里夫蘭（Grover Cleveland）的美國在大加勒比海「實質主權」的政策。魯特說：「我們認為我們不具有主權……只有權利去保護。」魯特當時腦筋裡想的是多明尼加共和國和委內瑞拉的危機，當地破產、非法的政府頗有受到歐洲債權國干預的威脅，債權國可能把海關站轉化為海軍基地。老羅斯福氣憤這些國家不負責任，但也不預備讓歐洲人乘虛而入。政變和瓦解也導致美國在巴拿馬和古巴分別進行小規模和大規模的干預，即使政治危機困擾著哥倫比亞和許多中美洲國家：許多國家或多或少都威脅著要邀請歐洲的干預。甚且，老羅斯福希望防止「強大的德國（在加勒比海）取代衰弱的西班牙」，因為德國皇帝威廉二世（Kaiser Wilhelm II）在第一次世界大戰之前十年，正在努力興建海軍力量。[42]加勒比海是大陸型美國向海上的自然延伸，它也是美國安全環境最易遭到歐洲攻擊的罩門。最後，它也必須營造政治環境才能開挖巴拿馬運河。

軍事部署在前，經濟霸權隨後：包括所謂「金元外交」的保證貸款，盡可能推動許多國家採納金本位制，並讓它們的貨幣隨時可兌換為美元的區域貨幣管制。[43]後來，千里達和古巴全面生產石油，美國更有動機要介入。[44]老羅斯福政府時期成為美國稱霸大加勒比海的鼎盛時期，它持續了好幾十年之久，美國多次以軍事及經濟干預，最著名的就是美國於一九一五年派陸戰隊登陸海地，將它占領了十五年。狄奧多．羅斯福完成三項目標，或許也是中國今天在南海渴望達成的：他把歐洲擋在加勒比海之外，可是政治上他與歐洲密切合作；同時他又調整、美化美國的力量；避免觸怒拉丁美洲人民的情緒。[45]取法於老羅斯福，中國的大戰略家應該要阻止美國插手南海，足以讓自己在他們的亞洲地中海實現實質霸權，同時又與華府維持友善的政治、經濟關係，並透過深入體察東南亞人民的心聲，以緩和他們對中國力量的反感。

很顯然，美洲地中海和亞洲地中海兩者之間有極大的差異。十九、二十世紀之交的加勒比海國家，無論大小，大多弱不禁風、不堪一擊，不像南海周遭的實體強大有力，除了菲律賓和印尼之外，它們大多是強國，而且以越南來講，如果它能搞好經濟，有實力躋身中等大國。即使菲律賓和印尼（後者位於南海外緣）也是人口極多的政治實體，它們的政治和經濟結構與鄰國相比雖弱，也遠比二十世紀初的加勒比海國家更加發達。大加勒比海政治生活的一大特色就是經常動亂、引來外力干預，可是在南海卻少有這種情況。

可是，兩者也有鮮明的相似之處。他們都是大陸規模的國家的邊陲海域。根據二十世紀中葉荷蘭裔美國地緣戰略家尼古拉斯．史派克曼（Nicholas J. Spykman）的說法，美國是在毫無疑問控制住大加勒比海時才成為世界大國。他認為，西半球地理的基本事實是，它不是以北美洲和南美洲劃分，而應以亞馬遜河為主的熱帶叢林劃分為南、北兩大區塊。哥倫比亞、委內瑞拉和蓋亞那，雖然位於南美洲的北海岸，機能上是北美洲和美洲地中海的一部分。美國一獨霸美洲地中海，即大加勒比海，又和南美洲的南錐國家以巨大的距離及廣大的熱帶雨林分隔開來，它在西半球內就少有挑戰者。史派克曼認為，獨霸大加勒比海使美國可稱霸西半球，也有力量騰出來影響東半球的權力平衡。圖謀大加勒比海霸權在先，經略世界在後。

中國在亞洲地中海的情勢也一樣。主宰南海肯定可以幫助中國將其海空軍的影響力推向歐亞大陸航程可達的邊緣陸地，即印度洋及太平洋。中國因此將成為印度、太平洋的實質霸主。這還不會使得中國在東半球的霸業可與美國在西半球的霸業等量齊觀。中國還需要很長一段時間才會在東半球各國中脫穎而出成為龍頭老大，它才可以騰出政治、經濟能力影響西半球國家，甚至及於南錐國家與加勒比海。換句話說，南海現在是全球大國政治的兵家必爭之地（principal node），攸關到維持全球權力平衡。固然控制了南海未必能替中國打開全世界，有如當年控制大加勒比海替美國開啟了稱霸世界之局，但是我們可要記住，加勒比海——即使加上巴拿馬運河——從來不曾坐跨商業和能源的主要航線，有如今天南海的重要角色。

因此，我們今天面對的是一個更繁榮、更兵強馬壯的亞洲，是資本主義的發動機，而亞洲地中海是它的焦點。在南海軍備競賽中，中國已拉大它和鄰國的差距，因此過一段時候，或許可接近於複製美國在大加勒比海的成就。但是這還只是對南海區域的政治、經濟和文化圖象的粗略輪廓。要深入了解細節，我們需要從三萬英尺高空下降到個別國家的地面。

第三章

越南：中國最頑強的敵人

「越南官方史一面倒地強調抵抗，幾乎一直都是抵抗中國。深怕被宰制的心理根深蒂固，而且跨越所有意識型態界線，它創造了對越南身分認同的焦慮感和防衛心。」

——羅伯．鄧普樂

河內的生存之道

慎思熟慮是河內給人的印象：越南首都緊抓著歷史的進程。我這麼說並不表示我認為歷史只是一些必然的、地理決定的朝代遞嬗、治亂興衰過程，歷史也是個人英雄事蹟和緊張懸疑算計的綜合紀錄。歷史博物館裡頭的地圖、模型和灰色巨大石碑敘述著越南人抵抗中國宋朝、明朝和清朝的事蹟；越南雖然直到十世紀之前都被併入中國版圖，它此後擺脫中華帝國獨立自主的政治認同，卻是一個奇蹟，沒有那個歷史理論能夠適切解釋它。

十五世紀在文廟所立的許多石碑在與時間賽跑，試圖挽救八十二位中世紀著名學者的姓名及貢獻，沒讓他們湮沒在歷史當中。事實上，越南的歷史想像非常強烈。玉山祠是紀念十三世紀打敗蒙古人入侵的民族英雄陳興道的一座道觀，座落在林木森森、濃霧罩頭的還劍湖濱，廟裡的銅臉菩薩被香火、金葉和紅木簇擁著，它們替更樸素的胡志明紀念堂預做精神準備。胡志明是二十世紀偉大人物之一，也是歷史上偉大的務實主義者，他冶馬克思主義、儒家哲學和民族主義於一爐，拿來作為對付中國人、法國人和美國人的武器，替越南奠定抵抗這三大世界帝國成功的基礎。首都許多官方會議室莫不陳列著像菩薩般的胡志明鍍金雕像。

他的紀念堂取代了褪色的、上百年的歐式建築和教堂，那曾是法屬印度支那的政治中心。巴黎在第二次世界大戰後曾經勇敢、堅毅地試圖恢復戰前霸業，與越南人爆發一場大戰，最後以一九五四年奠邊府之役法軍的慘敗告終。

法屬印度支那也包括寮國和柬埔寨，但是只有河內是本地區政治首都、西貢是商業首都。越南主宰印度支那，換言之，泰國和高棉偶爾會和中國合作，抵抗越南勢力。事實上，美國奮戰以維護獨立的南越對抗共產黨的北越，可是當美國戰敗、統一在共產黨之下的越南崛起，卻證明它對中國的威脅反而更大於對美國的威脅。[1]這段歷史說明了越南人勇猛頑強的性格。

擺脫這些老舊的法式建築之後，迎來最新的反抗歷史命運的鬥爭：河內冒出喧囂嘈雜、活潑悸動的商業區，成群的私有摩托車穿梭於人潮中——駕駛人在交通壅塞時還會掏出手機發簡訊——時髦前衛的新店面頻頻從簡陋、單調的市容中異軍突起。這是連鎖店還未出現的資本主義，到處都是氣氛與設計都獨樹一幟的咖啡館，供應著全世界最棒的咖啡，可是我們還未見到星巴克。河內儘管歷史悠久，仍然不像歐洲大城市有戶外博物館的風味。它依然在「形成」的過程，比較接近於印度那種騷動的混亂，而不像新加坡望之儼然不可親的呆板。

越南人現在為了自己、為了家人，拚命想要躋身先進國家之林，但這也是為了維持國家獨立，好對抗中國這個勁敵。

河內從上古以來一直都是精於做政治盤算的城市：這是今天有可能晉身中等強國的本錢。它的人口居全球各國第十三位，漫長的海岸線位於主要航線交會處，鄰近大量的外海能源蘊藏地區。越南是東南亞國家在南海爭端的「主角」，對西沙群島和南沙群島都提出主權主張；學者克里夫・舒斐德（Clive Schofield）和伊安・史多瑞（Ian Storey）寫說，他們「依據的是至少從十七世紀起就使用它們」。[2] 有位美國高級官員告訴我：「如果中國可以打敗越南，他們就可以贏得南海。馬來西亞不敢吭聲，汶萊已經和中國把問題解決，印尼在這個議題上沒有定義清晰的外交政策，菲律賓儘管善於製造話題和做強硬的聲明，其實沒有幾張牌可打，新加坡有能力，但是國家太小了。」

換句話說，這場戲全看越南怎麼唱。

反中情緒

越南會走到這個地步，也是逐漸演變的。越南國民大會外事委員會副主席阮川軒告訴我，當代越南最關鍵的一年不是南越被共產黨的北越推翻的一九七五年，而是一九九五年，越南與美國關係正常化、越南加入東協，並與歐盟簽署「架構」協定。「換句話說，我們加入了世界。」他承認在做出這些決定之前，「我們內部進行了許多次激烈的討論。」真相是，儘管相繼打敗法國人和美國人，越南共產黨之後還是覺得挫折連連。他們的官員在幾個星期內一系列的對話中一直如此向我解釋。

越南在一九七八年揮師打進柬埔寨，將它從波帕（Pol Pot）赤棉政權瘋狂的種族屠殺中解放出來。雖然親中共的赤棉對越南構成戰略威脅，因此攻打柬埔寨是冷靜的現實主義之行為，但它也有廣大、深刻的正面人道主義效應。縱使如此，為了此一重大的善行，親俄的越南遭到包括美國在內的親中同盟的抵制；自從尼克森總統一九七二年訪問中國以來，美國即傾向北京。一九七九年，中國入侵越南，以便阻止越南穿過柬埔寨，攻打泰國。這時候，蘇聯卻不能出面援助它在河內的扈從政權。越南現在陷入外交孤立，困在柬埔寨泥淖裡，更因長年戰爭而民窮財盡。新加坡總理李光耀在一九七〇年代訪問河內，寫下他發現越南領導人「令人難以忍受」，以東南亞的「普魯士人」自居。[3]但是，越南領導人告訴我，這種傲慢並未持久。由於糧食不足，以及蘇聯帝國於一九八九至一九九一年間崩潰，越南終於被迫自柬埔寨撤軍。現在越南真是舉目無親——戰勝美國也已是久遠以前的記憶。有位越南外交官解釋說：「由於從來沒有和平紅利，即使戰勝也沒帶來什麼喜悅。」

一位西方外交官告訴我：「越南人對於一九六〇年代、一九七〇年代的抗美戰爭並沒健忘，然而是某一世代的美國人始終無法釋懷。」越南人沒有忘記，百分之二十的國土不能居住，因為美國人投下的未爆彈；或是因為落葉劑的效應，極大部分的土地再也長不出作物。只是今天全體越南人有四分之三出生在「抗美戰爭」之後。而且還有更大百分比的人不記得戰爭。

我在越南外交學院——外交部的一個單位——遇見的學生和青年官員，遠離抗美戰爭更甚於嬰兒潮世代之脫離第二次世界大戰。他們在一場問答會裡頭，事實上也批評美國，不過卻不是為了當年的戰爭。他們感到挫折的是，一九九〇年代北京挑戰菲律賓對美濟礁（南沙群島的一塊島礁）的主權時，美國沒有出面反對中國；美國在二〇一一年以前沒有和緬甸有更多的經濟、外交往來，以阻止緬甸成為北京的衛星國家。有個學生歸結說：「世界安全需要美國的力量。」外交學院的學生和官員的確接二連三使用「（對中國的）制衡力量」來形容美國。有位女性分析人員說：「這正是為什麼「中國的和平」（Pax Sinica）對我們威脅極大。」

坎培拉的澳大利亞國防學院教授卡萊爾．泰耶爾（Carlyle A. Thayer）寫說，越南和美國「有共同的利益要阻止中國……獨霸海上貿易路線，並且透過恫嚇手法推動領土主張。越南把美軍視為對付中國軍力崛起的避險工具。」[4]

一九六〇年代採訪越戰、一九九〇年代以《洛杉磯時報》特派員身分重返河內的大衛．藍普（David Lamb）寫說：「越南人喜歡美國人……他們死傷了三百萬公民（十分之一人口非死即傷），被投擲了一千五百萬噸的炸藥——是第二次世界大戰期間歐、亞全體國家投彈量的兩倍——也熬過了一場南越產生七百萬名難民、北越工業及基礎建設被毀滅的戰爭。可是，他們把戰爭置諸腦後，而許多美國人做不到。他們的醫院裡沒有擠滿患有戰後創傷症的退伍軍人，他們也沒有像是華府越南紀念牆那樣的全國哀悼紀念碑。他們不寫書談論戰爭。退伍軍人們也不湊在一起喝啤酒、談往事。學童們只把它當成這個國家兩千五百年悠久歷史中的一頁來了解。[5]

不少歐洲人和美國左派分子一向對美國的嘲諷和氣憤，在越南是全然不見的。前任越南駐加拿大大使阮德雄總結本地人一般的態度，對我說：「越南人數百年來向南開拓，以界定他們是個民族，而美國人向西部開拓，為的不是加利福尼亞的黃金，而是自由。」

即使這麼說，美國在越南歷史上只是邊際問題，中國卻至關重要。**印度支那**這個字詞十分貼切，因為印度的影響力在整個東南亞地區十分明顯，而中國的影響力則集中在越南北部。一直要到唐朝末年，以及十世紀的五代十國時期，中國長期「天下大亂」，獨立的越南才逐漸形成。[6]羅伯・鄧普樂（Robert Tempter）寫了一本有關當代越南的開路先鋒專書《影子與風：現代越南史觀》（*Shadows and Wind: A View of Modern Vietnam*），他說：「越南官方史一面倒地強調抵抗，幾乎一直都是抵抗中國。深怕被宰制的心理根深蒂固，而且跨越所有意識型態界線，它創造了對越南身分認同的焦慮感和防衛心。」[7]越南對中國提心吊膽，正是因為越南無法逃脫它巨大的北方鄰國的擁抱，中國的人口是越南的十五倍。越南人明白，地理決定了他們和中國關係的條件：他們或許能贏得戰役，但是他們總是必須向北京朝貢。美國這樣一個實際上的島嶼國家是很難理解這種情形的。

另一位越南外交官解釋說：「中國侵略越南十七次。美國只侵略墨西哥一次，而你瞧瞧，墨西哥人對此是多麼的敏感。我們從小到大，教科書裡全是抵抗中國的民族英雄的故事。」另一位西方的越南問題專家也說：「想想加拿大與美國的關係是如何微妙。現在再想像一下，如果美國一再派兵進入加拿大，又會是什麼情境。」

越南人長久以來對中國的敵意，一部分是人為建構的：現代的越南人強調反抗中古和現代早期的中國宰制，卻刻意輕描淡寫好幾百年仰慕效法中國的歷史，以及與中國的友好關係，以便鞏固國家認同意識。[8]縱使如此，越南人熱切反映他們十分關心北方強鄰，也是不容否認的事情。

根據英國廣播公司一項報導，越南人認同意識很獨特，是藉著「反抗」中國影響而建構。越南一開始是華夏文化的南方據點。它在西元前一一一年被強迫併入中國的大漢帝國。從此以後，它被中國占領，或是以朝貢國地位受中國宰制將近一千年，直到我前面說過的中國唐朝末年、西元九三九年才獲得自由。喬治・梅森大學前任教授尼爾・傑美生（Neil L. Jamieson）在《了解越南》（*Understanding Vietnam*）一書中寫說，此後，越南歷代如李朝、陳朝和後黎朝之所以偉大，正是因為他們抵抗從北方南下的中國之控制，擊敗無數波的優勢兵力之入侵。[9]越南人並沒有一直常勝不敗：一四〇七至一四二七年間，它曾被明朝占領，足證中古末期的中國人從來沒有放棄對越南的主宰意念。十九世紀的清朝之所以接受獨立的越南，是因為法國人堅持把他們在印度支那的地盤，與中國的地界劃分清楚。

康乃爾大學東南亞區域專家基斯・韋勒・泰勒（Keith Weller Taylor）在《越南的誕生》（*The Birth of Vietnam*）一書寫下：「中國對越南的貢獻，涵蓋文化、社會和政府所有的方面；從農民用的筷子和學者、官員所用的毛筆，無所不包。」[10]越南人的姓氏、字彙和文法，以及藝術、文學風格，反映出深刻的中國影響力。[11]越南文學的確源自中國古典的儒家傳承。中文是越南學者所用的文字，這一點和拉丁文在歐洲的地位一樣：儘管越南文字除了中文之外，也有孟—高棉文（Mon-Khmer）和泰文的源頭。透過這一切，越南農民文化維持的獨特性遠勝過越南菁英文化所保留住的。密西根大學東南亞問題專家維克多・李伯曼（Victor Lieberman）解釋說，在菁英當中，中國的行事標準「已經內化得很徹底，它們的外國源頭已經不重要」。所有越南人之所以強烈希望與中國分離，是因為他們接觸了南方的占族和高棉人；這兩者受到非中華文明的影響。正因為他們與中國人極為相似，越南人——我曾說過——才會因對小小差異的自戀而承受重荷，這使得他們對過去的事件記憶特別鮮明。

越南在軍事上戰勝北方的中國，如黎利皇帝（後黎朝太祖）一四二六年在河內附近告捷，以及一四七一年和一七七八年分別打贏南方的占婆和高棉，全有助於鍛造鮮明的國家認同意識，更何況直到現代，中國仍不肯放過越南。一九四六年，法國串通中國，接收北越的中國部隊撤走後，由法國部隊接管。我們也曉得，一九七九年，十萬中國大軍入侵，距美國退出越南僅有四年。鄧普樂寫說，中國領導人鄧小平「從來沒有失去他打從心裡頭對越南人的仇恨」，因此設計一套「血洗河內」的政策，讓越南在柬埔寨捲入游擊戰爭。[12] 現在，由於越南及中國都各自對南海主張主權、中國海軍侵入東京灣，以及中國覬覦越南總長一千九百英里、聯結印度洋和西太平洋的沿海交通大道，這全變成活歷史；而越南的抗美戰爭則不然：只有一個小細節不同。由於越南人在戰爭中打敗過美國，他們自認在雙邊關係中是占優勢的一方：在未來與美國實質軍事同盟的話，沒什麼好丟臉的。越南人因為打贏美國，對於抗美戰爭沒有太多過於敏感的禁忌。

抗美戰爭，就像後來的中國入侵，以及越南本身入侵柬埔寨（它導致中國入侵），全是長久以往的類似故事之一部分。它是陸地戰爭的歷史，有一部分係因西方去殖民化而起。現在陸地邊界問題已經解決，亞洲大部分國家的民族主義競爭已延伸到海洋範圍，也就是南海。事實上，越南的建國神話即說它是貉龍君和仙女嫗姬結合的後代。貉龍君和嫗姬生了一百個兒子，五十個兒子和母親移居山區、五十個兒子隨父親入海。在母親統治許久之後，現在父親的遺緒似乎關係到越南的命運。

越南外交部國家邊界委員會副主任阮維戰說：「和南海問題一比，現在陸地邊界問題已經不重要。」阮維戰的典型越南式表演令我想起李光耀於一九七〇年代對越南領導人的印象：不苟言笑、有「儒家精神」。[13]我們在一個空蕩、樸實的辦公室會面。阮維戰穿著土褐色西裝。會議從頭到尾很精準地進行了一個小時，他以PowerPoint簡報從每一個想像得到的角度抨擊中國的立場。

阮維戰先摘要敘述陸地邊界的狀況：中、越有兩百個爭議地點，在一九九〇年代歷時八年談判，已經解決，並於二〇〇八年完成劃界工作。「在十九、二十世紀之交，我們與中國清朝有三百一十四個邊界註記，相形之下，現在有一千九百七十一個。現在問題不在陸上，而是在海上。」他告訴我說，越南三分之一人口住在沿海地區，海洋相關產業占越南GDP五成。越南主張從其大陸棚往南海（越南人稱之為「東海」，也不承認「南中國海」之稱）延伸兩百英里的界線。這符合《聯合國海洋法公約》所界定的專屬經濟區。但是阮維戰也承認，它有和中國及馬來西亞主張的海洋地區「重疊」，另外也和柬埔寨及泰國在暹羅灣部分海域重疊。雖然東京灣在地理上是個棘手的地區（越南北部沿海被中國海南島擋住，進不了開闊的大海），阮維戰說，中、越雙方已經把這個問題解決，平分此一能源豐富的海灣，雖然海灣口仍有待劃界。

「但是我們不能接受中國牛舌狀的在南海九段線。中國說這個地區有爭議。我們說沒有爭議。牛舌牴觸五個國家的主張。」

阮維戰接下來讓我看他電腦上一系列地圖。「明朝皇帝十五世紀一度占領越南時，他們並沒有占領西沙群島和南沙群島。如果這些島群屬於中國，為什麼明朝皇帝不把它們納入中國地圖？」他又說：「到了二十世紀初，如果它們屬於中國，為什麼清朝皇帝的地圖還是不理會西沙群島和南沙群島？」他告訴我說，法國於一九三三年派部隊到西沙群島和南沙群島，暗示說這些島群是法屬印度支那的一部分，因此現在屬於越南所有。他說，中國在一九五六年及一九八八年動用「軍事力量」占領西沙群島島礁。最後，他出示義大利「山上聖瑪麗亞教堂」（Santa Maria del Monte church）的一張幻燈片，它保有一份一八五〇年的地理草稿，其中一頁半說明西沙群島如何屬於越南。他如此執著於這些細節其實另有目的，因為他的PowerPoint還有一張地圖，把大部分的南海（包括西沙群島和南沙群島在內）劃為許多小方塊，它們代表越南未來或許會把這些地方的石油開採權賣給國際公司。

越南外交部一位官員說：「談到南海，中國的態度相當令人擔心，我國人民一直放心不下。」越南海軍副司令阮越然（Nguyễn Viết Nhiên）少將指稱九段線「不合理」。我到海防港——一九六五年至一九七二年之間遭到美國猛烈轟炸——海軍總部拜訪他，他又對我做了詳盡的簡報。他身邊是一座大型的胡志明半身雕像，以及一張大地圖，標明「東海」所有的主權爭議地點。他滔滔不絕、言必稱「東海」，講了四十五分鐘，指出中國在西沙群島和南沙群島所有的軍事行動：特別是一九七四年從搖搖欲墜的西貢政府搶走西沙群島的西部。他承認九段線未必是中國的法律主張，而是北京的「歷史大夢」，它除了在北京高層內部產生辯論之外，可能在未來的談判中被全部或部分放棄、讓步。縱使如此，中方透過發展遠洋海軍，又掌握東亞經濟霸主地位，或許仍會主宰南海，一如美國在十九世紀獨霸加勒比海。海軍大校黎金勇（Lê Kim Dũng）解釋說，中國經濟的擴張不論是否會遲緩下來，都將導致其海軍在南海加強部署，正好配合北京希望在南海開採能源資源。越南宣稱面對此一新興發展，堅決不退讓，它號召在數十年前的越戰期間幫助越南打勝仗的民族主義，力挺國家主權。

越南人一再地告訴我，南海代表的不只是領土爭端：它是全球海上商務的十字路，攸關南韓和日本的能源需求，也是有朝一日中國可以牽制美國在亞洲勢力的地方。越南的確位於歐巴馬政府決策者近來大力倡導的「印度—太平洋」（Indo-Pacific）——印度加東亞——的歷史及文化中心。

在夾縫中

越南人透過向俄羅斯購買六艘最新的基洛級潛艦，將他們希望成為區域重要角色的意向表露無遺。有位西方防務專家告訴我，這筆交易不合邏輯。「越南人一旦發現光是要維修這些潛艦就要花大把銀子，一定嚇一跳。」更重要的是，越南人必須訓練人員操作、使用它們，最少要花一個世代時間。「要對付中國潛艦，其實更好的方法是集中力量發展反潛作戰和沿海防務。」很顯然，越南人買這些潛艦，是面子問題，要展現「我們是來真的」。根據這位防務專家的說法，越南人一聽中國在東京灣的海南島興建核子動力潛艦的地下基地，

「簡直氣瘋了」。

耗資數十億美元向俄羅斯購買潛艦這筆交易，其中包含要投入兩億美元改善金蘭灣。金蘭灣是東南亞最好的深水港之一，扼南海航路要衝，越戰期間是美軍最主要的作業基地。越南人已經表明他們的目標是，讓金蘭灣可供外國海軍使用。新加坡東南亞研究中心研究員伊安．史多瑞（Ian Storey）說，越南人沒說出來的心願是，整建金蘭灣將「增強與美國的防務關係，並且便利美軍部署在東南亞以反制中國崛起的力量」。金蘭灣完全吻合五角大廈的「不設基地」策略，美軍飛機艦艇可以定期到外國軍事據點修理、補給，而不需要正式、政治敏感的基地安排。美國海軍平台——航空母艦、驅逐艦、補給艦和醫療艦——已經不時泊靠越南港口。越南國民大會外交事務委員會副主席吳光春說得很直白：「南海要有自由航行的氣氛，就需要美軍在此地區巡弋。」

早在二〇一〇年七月，東協在河內舉行區域論壇時，美、越實質上已經宣布成立戰略夥伴關係。美國國務卿希拉蕊．柯林頓（Hillary Clinton）表示，美國在南海有「國家利益」，美國預備參與多邊努力以解決南海領土爭端，海洋權利主張應以陸地地貌為根據：意即以大陸棚延伸為根據，而中國的九段線理論無視這一點。中國外交部長楊潔篪稱柯林頓這番話「形同攻擊中國」。美國官員基本上沒有搭理楊潔篪的評論。華府和越南走得有多近，恐怕沒有比下述例子更清楚表現出來：二〇一三年十月，美、越初簽一份民間核能協議，理論上美國公司將可協助越南建立原子能發電廠。

事實上，沒有任何國家比得上越南，更受到中國崛起的威脅。姑以越南對東協的態度為例來說明。固然越南人希望東協更強大，以便成為制衡中國的一股力量，但是他們告訴我，他們很清楚現實是什麼。相對於歐洲踏進後民族主義階段已有好幾十年，越南人曉得民族主義在亞洲的力量，不會容許東協會員國統合為一。有位官員說：「東協連關稅同盟都不是，這使得它只是非常低度的貿易集團。」在大紅色彩、布置豪華、充滿東方及法國混合風味的外交部，主人端出亮晶晶的茶具待客。他們一再請教我對中國大戰略的看法。根據越南人的說法，中國的策略就是拖延與東協就南海爭端進行多邊討論，北京藉機強化軍事，同時透過雙邊談判，榨取東南亞個別國家的讓步。換言之，北京玩的是分而治之的策略。越南國防官員告訴我，中國海軍已經大過東協所有會員國加總起來的實力。

但是，越南並沒有疏遠了中國，也沒有投入美國懷抱。越南太依賴中國，也和中國糾結在一起。澳大利亞專家卡萊爾・泰耶爾解釋說，在越、美軍事關係之外，越南也和中國平行發展軍事關係。[14]美國固然是越南最大的出口市場，越南從中國進口的商品多過從其他任何國家的進口——棉花、機械、肥料、殺蟲劑、電子產品、皮革，還有許許多多消費者物品，應有盡有。越南的經濟，若無中國就無法運作，即使中國廉價產品淹沒越南、阻礙了本地製造業的成長。甚且，越南官員也注意到他們所處的地理不對稱：用他們的話說，遠水難救近火。中國緊鄰在旁，美國在半個地球之外，這表示越南必須忍氣吞聲嚥下中國人來到翠綠青蔥的中央高地開採鐵礬土礦這種破壞環境的建設，而且它也像在全國的其他工程一樣，只雇用中國工人，不雇用越南工人。越南前任外交部次長阮晉戰告訴我：「我們搬不了家，從統計上來說，我們形同中國的一個省分。」

由於蘇聯在一九七九年沒有幫忙，越南人再也不會完全信賴遠方的大國。除了地理因素之外，越南還在某些基本層面上不信任美國。有位官員告訴我，美國國勢在走下坡，而且他認為情況更糟的是，華府只顧著中東，輕忽中國在東亞崛起。雖然這樣的分析是從本身立場思考，但頗有幾分合乎事實。另外，他們還害怕美國為了和中國增進關係，會出賣越南；外交事務委員會副主席吳光春明確地提到，尼克森向中國開放，提供地緣戰略的緣由讓中國入侵越南。他很失望地搖搖頭：「這種事有可能再發生呀！」很矛盾的是，越南人希望美國在國際事務上變得像他們一樣冷靜、現實。這個共產主義政府的一個官員告訴我：「我們和美國人談判時，不斷會跑出來民主、人權等議題。」越南人活在恐懼中，深怕由於國會、媒體以及華府各種壓力團體的運作，美國有一天可能會出賣他們，就好像泰國、烏茲別克和尼泊爾等快要發生政變或獨裁專制的國家，被美國棄如敝屣。越南人看到數十年來由於仰光政府的人權紀錄和挑釁，華府不願意出手幫助緬甸對抗中國。外交部副司長李赤勇告訴我：「最高價值應該是國家團結和獨立。賦予你自由的是國家，不是個人。」他試圖向我解釋越南人的政治哲學。

事實上，資本主義已經在越南當道，共產黨還能維持其執政地位，有一部分原因是黨在抵抗法國人、美國人和中國人的戰爭期間建立起來的民族主義威望。甚且，胡志明就像南斯拉夫的狄托、阿爾巴尼亞的霍沙（Enver Hoxha），是個土生土長的領袖，不像其他許多共產國家統治者是由外來軍隊冊立的領導人。甚且，越南共產黨一直強調胡志明思想和儒家思想的相似，尊重家庭和權威。外交部官員李赤勇說：「民族主義從儒家思想建立起來。」尼爾·傑美生寫說「越南人普遍有『絕對主義』的共同特質」，相信「世界上有某種基本的、決定性的道德秩序」。[15]它涉及到「情義」（tình nghĩa）的理念，即一個人對家庭及群體應負起社會責任的意思。

共產主義在越南還能挺立的另一個原因，乃是因為它已經不再堅持最初的價值主張，因此目前並無起義叛變的必要；當然，改革不到家，會有代價要付。越南今天所處的情況類似中國：雖然由共產黨統治，共產黨卻已拋棄共產主義，徒留虛名。它和老百姓有心照不宣的社會契約：黨保證有更高或可永續的所得水準，而老百姓同意不會大聲抗議。（越南終究無法擺脫中國，因為他們都進行同樣獨特的實驗：將資本主義的富裕帶入共產黨統治的國家。）

試想一下，這個社會在四分之一個世紀之內從靠配給過日子，進化到全世界稻米剩餘最多的國家之一。越南最近在統計數字上更上一層樓，晉升為低度中等所得國家，人均GDP為一千一百美元。它不像突尼西亞、埃及、敘利亞和其他阿拉伯國家，只有一個人人厭恨的獨夫當家掌權，越南有一個三巨頭領導團隊——黨主席、國家主席和總理——從二〇〇二年至二〇一二年，每年GDP增長率平均百分之七。即使在二〇〇九年陷入景氣大衰退，越南經濟仍有百分之五．五的成長。有位西方外交官說：「這是世界史上最亮麗的脫貧紀錄之一。他們從腳踏車進化到摩托車。」對他們來講，這就是民主的功效了。即使它不是，我們可以說，越南和中國的專制政體並沒有像中東的獨裁者那樣剝奪人民的尊嚴。某位越南前任高階政治領導人告訴我：「中東領導人在位太久，還維持數十年的緊急狀況，我們這裡不會。但是，我們和中東國家一樣，有貪瀆、貧富差距大、青年失業率高的問題。」讓越南共產黨輾轉難眠的，不是是否會爆發阿拉伯之春，而是害怕會發生類似一九八九年中國的學生示威，因為近年來越南的通貨膨脹率直追中國當年的水準，而且百姓認為貪瀆和用人唯親、結黨營私已經鬧到失控的地步。可是，共產黨官員又擔心政治改革會使他們重蹈一九七五年之前南越的覆轍，那時候軟弱、派系鬥爭不斷的西貢政府造成國家崩潰；或是像十九世紀末、二十世紀初的中國，孱弱的中央政府造成列強覬覦。因此之故，越南官員公然讚佩新加坡：一黨獨大的「企業型國家」（company state），貫徹紀律和廉能政府，這是困於貪瀆的越南難望項背的典範。

勵精圖治

我在胡志明市——政府圈外人士仍稱它為西貢市——郊外二十英里的「越星工業園區」

（Vietnam Singapore Industrial Park）見識到了新加坡典範。我眼前是井井有條、整齊潔淨的未來世界，在這個安全管控的環境裡，兩百四十家來自新加坡、馬來西亞、台灣、南韓、歐洲和美國的製造業廠商，生產高檔次高爾夫球具、晶片、藥品、高級鞋類、航太電子產品等等。下一期開發計劃已規劃要在園區興建豪華集合住宅，以供外籍員工就近居住、工作。園區內一家美國工廠經理告訴我，他的公司經過仔細篩選才決定到越南設廠生產高科技產品：「我們需要低廉的勞動成本。我們不想到東歐或非洲（當地沒有亞洲人的工作倫理）。中國的工資已經開始上漲。印尼和馬來西亞是穆斯林國家，令我們卻步。泰國近年也動盪不安。只剩下越南向我們招手：它就像二十年前的中國，蓄勢待發。」他又說：「我們對越南員工進行標準化的智力測驗。他們的分數比我們在美國的員工還要高。」

越南境內還有三個「越星工業園區」，其目的在引進企業型、乾淨、環保，管控良好的新加坡發展模式到越南。全越南，由南到北，共有四百多個工業園區，全都或多或少推動同樣的西方式開發和效率。現有的西貢和河內—海防走廊這種超大城市已經無法完全復活，它們的問題無法根治。未來的希望是新市鎮，由它們來消除舊城市的人口壓力。現代化意味著開發農村，以減少人們往城市移居。這些工業園區以新加坡為學習典範，將有助於改變越南農村面貌。由於它們的目標就是自給自足，它們引進電力、水力等基礎建設，也要外籍公司享有「一站式」的申請政府許可的方便。

一九七五年，北越共產黨占領西貢，將它更名為胡志明市，越南政治上歸於統一，但一直到現在，透過工業園區及其他開發方式，透過全球標準的生產把河內和西貢連結起來，越南才在經濟上、文化上達成統一。由於最近的開發階段涉及到其他「亞洲四小龍」的直接投資，越南與本區域其他國家愈加整合，因此能放心稍微交出部分主權，讓東協日後能更加發揮、更加蓬勃。

西貢著名的企業家鄧誠心（Đặng Thành Tâm）告訴我：「越南的民族主義只對中國這個宿敵才有侵略性，但不曾針對區域內其他任何國家。坐在一張空蕩蕩的辦公桌後，手上幾乎同時要操作兩支智慧型手機的鄧誠心，可謂新西貢的代表。西貢自從一九七五年起不再是首都，此後即專心致力於商業發展。河內是越南的安卡拉，西貢就是越南的伊斯坦堡。鄧誠心的西貢投資集團代表超過十億美元資金，投資在工業園區、電信、製造業和礦業等計劃。他沿著南北走廊開闢二十五個工業園區。他告訴我：「未來就是去集中化，加上反應更靈敏的政府，以及比中國、日本、南韓等高齡社會更高的出生率。」

他又說：「透明和可靠是越南成為中等大國的關鍵。」他指出，要相當於海權國家中的土耳其和巴西。「要做到這一點，最重要的是法律要徹底改進。」的確，越南若要克服近來的經濟低潮，需要在所有層面大刀闊斧地改革。

你在河內一再聽到越南希望成為區域大國及樞紐國家，到了西貢，你就看到一切活生生在眼前。每樣東西都比河內來得大，街道寬敞，光鮮的精品店和豪華汽車代理商林立，還有鋼骨、玻璃帷幕大廈。這裡有保持著法國風味的時髦酒吧和高檔餐廳，隱約透露這個舊法屬殖民地城市的往日情懷。大陸酒店（Continental Hotel）是葛拉罕・格林（Graham Greene）一九五五年小說《沉靜的美國人》（*The Quiet American*）的場景，也是越戰期間外籍記者喜愛流連的地方，現在儘管有寬敞的白色結婚蛋糕氣氛，以及新古典主義的圓柱，召喚著昔日的優雅，卻已經被光鮮、嶄新的跨國連鎖高樓旅館所淹沒。

將近五十年前美國士兵出入的西貢，人口兩百五十萬，人均ＧＤＰ一百八十美元，現在它人口八百萬，人均ＧＤＰ達兩千九百美元。西貢人口只占全國九分之一，ＧＤＰ貢獻率占三分之一。波士頓一家公司規劃在這裡興建新都心，擁有一棟一百層的摩天大廈和五座新橋樑及隧道，估計會帶來一千億美元的投資。有家日本公司正在興建有六條路線的地下捷運系統。西貢開發研究中心的官員告訴我，他們強調「永續」發展：要在「全球—區域」系統之內打造「綠色」模範。在各個新、舊市中心將實施嚴格的建物使用區分規定，也要限制使用摩托車和私家汽車。「新加坡模式」又出現了：要蓋一個「世界級」的城市，有新機場和東南亞空運集散地，還要有更大吞吐量的海港。

河內是地緣政治和軍事的虛矯；西貢是資本主義的繁榮，沒有西貢的繁華，絕不會實現河內的虛矯。大西貢必須複製新加坡的成功典範，越南才能屹立不搖地面對它的宿敵中國。這是我在越南讀到的信息。

當然，大西貢離它的宏偉規劃還很遙遠。越南現在正處於經濟危機的陣痛，與中國的情勢一樣：兩國共產黨在過去數十年皆已大幅提升人民的生活水準，但若要更上層樓，需要深刻的改革和政治自由化——這將構成空前的重大挑戰。

目前，越南共產黨領導人靠著他們的普魯士精神、他們堅定的資本主義經濟政策，以及他們嚴密的政治控制，以堅持國家對中國的獨立。他們曉得，越南不像阿拉伯之春國家，越南面臨真正的外敵（即使意識型態相似），這或許有助於緩和其人民的政治渴望。但是他們和印度一樣，對於是否與美國有任何正式條約安排非常慎重。坦白說，如果有需要與美國簽訂防務條約，那就代表南海區域的安全情勢遠比目前更不安定。總之，越南的命運，以及它是否能不被中國芬蘭化，將反映美國是否有能力在二十一世紀的太平洋投射力量。

第四章

馬來西亞：文明的音樂會

馬來西亞雄踞南海之上，像個「漏斗」衡軛著通往印度洋的出入口。
曾經十分繁榮的麻六甲商港位於兩大季風系統交會之處：
西南季風把中東和印度次大陸的船隻送到遠東，
而東北季風把遠東的船隻送到中東和印度次大陸……
因此，馬來西亞是全世界少有的幾個地方之一，
可以在同一個考古遺址找到中國陶瓷、伊斯蘭硬幣和南印度銅器。

中東與中國的連結點

一座因石油及天然氣而繁榮的城市從一片濃密的蒼綠中冒出來；彩色玻璃和鋼骨結構讓大樓活像位於湖濱的火箭發射台。我在夜色中坐在燈火通明的屋頂游泳池邊，啜飲粉紅色的雞尾酒，水面上浮著閃閃發亮的氣球。漫畫書裡的蝙蝠俠和高譚市突然浮上心頭。天橋上簇擁著棕櫚樹。儘管摩天大樓櫛次鱗比，在那蒼鬱的青山、蜿蜒的河川當中，仍有一個尚待填平的大窟窿；一百年前這裡的錫礦和橡膠開始被大量開採。那時候的首都吉隆坡只不過是個「泥濘的河水匯流地」，也因此得名。馬來西亞和馬來世界此一充滿貿易站和河口的群島，召喚著毛姆的短篇故事。今天再也不復如此。毛姆小說裡一望無盡、令人汗如雨下的熾熱叢林，以及感人肺腑的家族故事上演的殖民地農場，俱往矣。如今我所看到的一切，都有一股被壓抑的生命力。眼前這片新銳景象使我現在必須引用其他作家來做聯想。

在吉隆坡，炫麗的高檔購物中心宛如獻給商品拜物教的祭品，將消費主義提升到意識型態的地位。看著雙子星大樓（Petronas Towers）裡面購物商場中來去匆匆的群眾、以及來自四面八方的各色人種——馬來穆斯林女子，她們的頭髮藏在五彩繽紛的頭巾底下；印度女子身穿同樣漂亮的紗麗（saris）；華人女子則穿西式洋裝——我的思緒不斷盤旋，浮上托爾斯坦・范伯倫（Thorstein Veblen）、奈波爾（V. S. Naipaul）、艾尼斯特・葛爾納（Ernest Gellner）、克利弗德・紀爾茲（Clifford Geertz）和杭廷頓（Samuel P. Huntington）等人的身影，他們沒有任何一位被歸類為哲學家，但其實全是哲學家。

美國最鬼才的社會評論家范伯倫一百多年前在《有閒階級理論》（*The Theory of Leisure Class*）中寫到消費主義者如何透過大肆揮霍，饑渴追求無用的東西、名牌精品和自尊。他創造出「炫耀性消費」（conspicuous consumption）這個詞語，以此來指涉城市居民，因為與大量人密切接觸的人往往會消費得更多，他們需要以此作為社會聲望的表徵。[1]我認為，當今的馬來西亞穆斯林吻合范伯倫在十九、二十世紀之交對美國人的這個觀察，這也顯示穆斯林和我們並無二致。換句話說，伊斯蘭文明並非奇怪的他者。當然，這和小說家、文學旅行家奈波爾在他一九八一年的著作《在信徒的國度：伊斯蘭世界之旅》（*Among the Believers: An Islamic Journey*）中所說的，截然不同；他在書中提到「馬來人的漫不經心」和「華人的活力充沛」，「舊與新之間的差異就是馬來人和華人之間的差異」。[2]或許這句話今天仍然可以成立，但是肯定現在已經比起奈波爾當年觀察時降低許多。（奈波爾本人在他一九九八年的續集《超越信仰》（*Beyond Belief: Islamic Excursions Among the Converted Peoples*）中有簡短地提到。）[3]另外，已故的法籍捷克裔社會人類學家葛爾納，對穆斯林文化有非常細緻的觀察。葛爾納提到伊斯蘭不像基督文明，它並不誕生「在一個帝國之內」（指的是羅馬），而是誕生「在兩個帝國之外，一個是拜占庭，很快就被它推翻，另一個是波斯薩珊王朝，最後被它征服」。葛爾納又說，「因此伊斯蘭沒有侵蝕一個早先的傳統文明，也沒有作為它的幽靈存活下來。它創造了自己的帝國和文明。」作為自己「完整及最終的」文明，伊斯蘭為社會秩序提供一套無可辯駁的藍圖，比之猶太教及基督教更勝一籌。[4]但是這個說法若是還能成立的話，為什麼范伯倫一八九〇年代對美國人所做的觀察，竟和我現在對馬來西亞穆斯林的觀察會一樣呢？不同文明之間的歧異不是也多少該在購物中心出現嗎？馬來人有了什麼改變呢？我問起我自己。

我在已故的美國人類學家克利弗德．紀爾茲的著作《文化的詮釋》（*The Interpretation of Culture*）讀到一段話，找到了答案。他說，固然外國文化的現實不只是觀察者單純的偏見，同時也有「人類的基本共通性」存在。[5]因此，過分強調文化和文明可能會遮掩住人性本身的事實。我在購物中心所看到的就是人性中赤裸裸的物慾。

然而，儘管購物中心給人光鮮亮麗、四海昇平的印象，它仍存在著不同的文明和種族。紀爾茲本人注意到，馬來西亞的文明拼盤由幾個種族拼組而成，而他們至少在相當晚近的過去「相互猜疑和敵視，以致於哈布斯堡帝國看來都像是丹麥或澳大利亞。」[6]固然這麼說或許過於誇大，馬來西亞的確構成一個實驗，特別是它把華人接納進這個穆斯林占絕大多數的區域：這個實驗若是成功，至少可以證明杭廷頓的「文明衝突」理論並不正確。[7]至少就基本層面來講，購物中心似乎可以緩和這位已故的哈佛教授的懸念。

當然，我們不清楚購物者腦中的想法。就現代化的過程而言，誠如杭廷頓和其他人的理論，它也會走向族群衝突，因為原本孤立的團體因為城市化的結果，彼此發生接觸，增強彼此間的敵對，尤其是某些團體比別的團體進展更快的話。一九五〇年代末期至一九七〇年代，本地經濟成長率高達百分之二十五，華人和印度裔的所得上升得比馬來人快速，這也是為什麼那時種族暴動頻繁的原因之一。[8]

但是，身為杭廷頓的朋友，我曉得他若是看到這一幕會是多麼的感動。穆斯林、華人和印度人融合在一起，象徵馬來西亞位於「世界貿易網絡中心」，介於中東和中國之間：這個地方在十九世紀，距中國是三天的船行時間，距阿拉伯則需行船三個星期。馬來西亞，包括馬來半島和婆羅洲島的西北海岸，雄踞南海之上，像個「漏斗」衡軛著通往印度洋的出入口。曾經十分繁榮的麻六甲商港位於兩大季風系統交會之處：西南季風把中東和印度次大陸的船隻送到遠東，而東北季風把遠東的船隻送到中東和印度次大陸。[9]馬來西亞這個「漏斗」位於這些路線及它們代表的文明交會點之上。[10]因此，馬來西亞是全世界少有的幾個地方之一，可以在同一個考古遺址找到中國陶瓷、伊斯蘭硬幣和南印度銅器。購物中心就是這些歷史事實的二十一世紀證明：馬來西亞位於開發中世界的神經中樞位置。這裡是亞洲的心臟——也是全球的心臟。購物中心象徵昔日的第三世界剛贏得後工業時代的繁榮；杭廷頓對這一點並不會感到驚訝，他曾經寫說，「文明之間的權力平衡」出現「根本改變」，代表西方的力量將相對的「繼續式微」。[11]

穆斯林世界的模範生

在馬來西亞身上，我們可以看到海洋亞洲的人口與經濟的旺盛生命力，無愧為中古及現代初期麻六甲——馬來半島西南端的主要集散地——的後裔。馬來西亞有兩千八百萬人口，六成是穆斯林馬來人和原住民（*bumiputras*，即婆羅洲馬來西亞上的非馬來人、也非穆斯林的原住民族，如伊班人〔Ibans〕、姆律人〔Murats〕和卡達山人〔Kadazans〕）。華人以福建及中國東南其他省分移民來的客家人為主，當年以契約工人身分來此，占了約百分之二十三。印度人約占百分之九，以來自印度東南部的塔米爾人為主。其次，還有數百萬來自貧窮的印尼和孟加拉移民及非法移民。因為根據聯合國二〇一一年人類發展指數，馬來西亞是東南亞最富裕的大國。唯有新加坡和汶萊兩個小國家排名比它高；前者是海外華人占極大多數的城市國家，後者因石油而致富。

財富形成城市化和資產階級化，而根據位於吉隆坡的「戰略運用中心」（Center for Strategic Engagement）沈賽芬的說法，它們代表的不只是消費主義，還是種族之間「交涉的緊張」。城市生活不僅使不同的群體的人湊在一起，參與單一、物質主義的全球文化，還帶給他們諸如全球伊斯蘭（global Islam）等現象，使得穆斯林馬來人與其他群體有所區隔。我在購物中心看到的足堪反駁杭廷頓的畫面，只是粗淺的第一眼印象而已。我在馬來西亞住了好幾個星期，與學者及其他專家交談，他們透露給我更錯綜複雜的族群關係圖象，而它實際上強化了杭廷頓的理論——至少他在《外交事務》（*Foeign Affairs*）雜誌發表那篇著名的文章後，又出版了一本專書，對此有更細膩的闡釋。[12]

緊密接觸可能促進族群之間的相互了解，但它未必帶來和諧。民族主義當然也可以誕生於某一特定地理空間中多種族的全球性文化裡；但是，我在此地遇見的每個人都說，馬來西亞還未到達這個階段，因此它那多元化的人民可能根本無法經驗真正的愛國主義。或許馬來西亞在實體上、社群上太多樣化，因此無法在情感上有凝聚力——也就是說無法組成一個齊心協力的群體。馬來半島的西北邊有華人居多數的檳城，東北邊又有信奉伊斯蘭的吉蘭丹州（在官方默許下，賭博與賣春暗地裡存在）。這還不說有非馬來人的原住民住在孤懸於遠方的砂勞越州和沙巴州。事實上，由馬來半島和西北部婆羅洲組成的這個國家，本來就有地理結構上的模糊性，這已經導致了其國家概念的模糊。而它的族群緊張關係又限制了馬來西亞民族主義的發展。因此在單一民族、民族情緒熾烈的越南，反華情緒十分明顯，在這裡卻不存在。

在說明他們對中國比較和善的態度時，馬來西亞人經常談到中國明朝和中古及現代初期之麻六甲港的親密關係。但是，真正的問題是，馬來西亞過分專注於本身的矛盾之中，以致不能集中精力對付外來威脅，特別是這個外來威脅相當模糊時。強大的中國對馬來西亞華人來講是好事，這一點就和強大的印度對馬來西亞印度人來說是好事，異曲同工。同時，占多數的馬來人因為中國崛起而產生某種不安全感，他們也愈來愈靠向廣大的阿拉伯—穆斯林世界。換句話說，他們在逃避中國問題。

還有另外一個因素助長了散漫的國家認同，那就是馬來半島（先不談婆羅洲的砂勞越和沙巴）即使在英國治理下也從來沒有統一。十九世紀末的英國人統治著雪蘭莪、霹靂、森美蘭和彭亨所組成的馬來聯邦（Federated Malay States of Selangor, Perak, Sembilan and Pahang）。到了一九四六年，又加上麻六甲、檳城、天定（現稱曼絨）和新加坡等海峽殖民地。它們還要再加上群島上九個馬來蘇丹領地。馬來西亞的一位非政府組織負責人詹德拉・穆札法（Chandra Muzaffar）說，每一塊地理區各擁自己的穀倉。各村莊和城鎮有各自的認同。一直要到英國軍隊對付共產黨游擊叛變時，才在冷戰初期、獨立之後頭幾十年，才開始集中國家權力。

國會議員劉鎮東告訴我，馬來西亞之所以有今天，核心關鍵在於城市化。一九五〇年代，不同的族群各自住在自己的農村地區，彼此罕於互通往來。政治委託給村、鎮裡的菁英，通常是受英國教育的人，他們在吉隆坡合縱連橫。由於上層的妥協，農村時代一直延續到一九七〇年代，玩的是典型的恩庇制度。劉鎮東告訴我，一九六九年的吉隆坡是個華人城市；由於平等權利保護（affirmative action）有了績效，農村馬來人後來才進入吉隆坡。當時來到吉隆坡的馬來人，通常住在貧民窟，遠離華人中產階級的視線。但是到了二十一世紀第二個十年，七成的馬來西亞人民住在城市，五成人口年齡不滿二十五歲，並且馬來西亞號稱是全世界臉書（Facebook）使用者比率最高的國家之一。現在全國一半人口是中產階級，根據亞洲開發銀行的統計，另四成是低度中產或高度中產階級。

馬來西亞的社會改造集中在占多數的馬來人身上。殖民末期的馬來化與農村（*kampong*）生活有關，然而它很容易掩蓋住一個事實：其實許多馬來人是商販和手工業者。[13]縱使如此，「馬來理想」（Malay ideal）仍然很鮮活。以澳大利亞歷史學者安東尼・米爾納（Anthony Milner）的話來說，它集合了群島海盜、宋格特布（*songket*，當地一種用金、銀絲線編織的布料）和農村中「房舍錯落有致、椰子樹無所不在」的形象。它是一個「破碎、流動」的區域，直到吉隆坡在二十世紀末幾十年崛起之前沒有中央政府，因此這種含糊不清和日後馬來西亞民族主義的含糊不清有相當的關聯性。[14]馬來人拜其地理位置處於中國與印度世界交會點之利，具有豐富的傳統；不過他們缺乏如同附近的爪哇的壯觀佛教婆羅浮屠（Borobudar）*，只是或許我們也可以說它反而不受如此豐厚、沉重的文化羈絆。[15]

夏威夷大學歷史學者、東南亞區域專家李歐納德・安達亞（Leonard Andaya）鑽研馬來世界多年，寫了一本經典著作《同一棵樹的枝葉》（*Leaves of the Same Tree*）。他說，「巫來由」（Malayu）一詞只用在相對於明顯的異族時，如爪哇人、暹羅人、葡萄牙人。他說，在其他情況下，馬來人種（Malays）只與特定地點連結，如「麻六甲的人」、「柔佛的人」。按照安達亞的觀點，共同的馬來認同意識不是出於血緣關係，而是透過跨東南亞海域的「航行走廊」的「互動模式」而產生。[16] 馬來意識既模糊又有彈性，使得它易於與伊斯蘭融合。

一般咸信印度穆斯林貿易商在十二、十三世紀乘船而來，最先把伊斯蘭帶進馬來半島。學者廖振揚寫說：「族群與宗教之間的關係極其親密，以致於一般所說的信奉伊斯蘭（*masuk melayu*），意即『成為馬來人』。」早在十六、十七世紀，位於蘇門答臘北端的馬來族亞齊人與印度及大中東地區的伊斯蘭王國進行活絡的海上貿易，這是使得伊斯蘭學者來到

* 譯注：婆羅浮屠意即「山上的佛寺」，建造於西元九世紀，屬大乘佛教佛塔遺跡，且為世界最大的佛寺。它與中國的長城、埃及的金字塔和柬埔寨的吳哥窟並稱古代東方四大奇蹟。

本地區的最關鍵因素，早於現代馬來西亞想到之前就把馬來意識與伊斯蘭連繫在一起。[17]並且由於半島上各個蘇丹風光不再，「伊斯蘭比以往更成為了馬來認同之核心。」[18]

大規模的社會變遷和向城市移動結合起來，意味著這裡的人將接觸到西方自由派思想及全球伊斯蘭。與前者的接觸反倒鼓勵為了避難的馬來人回歸後者。特別是在人口一百五十萬的吉隆坡，愈來愈多穆斯林女子喜愛保守的衣著，包括頭巾。一九七〇年代時，男子開始穿阿拉伯長袍和帽子。阿拉伯字彙深受採用，特別是在正式招呼時，常用到「色蘭」（*al-salamu alaykum*）*。伊斯蘭「復興運動」（*dakwah* movement）跟著崛起。老的清真寺以本地馬來風格興建，而它們受到印度次大陸風格的影響，現在新的清真寺則走中東風格。政治上的「文明的伊斯蘭運動」（Islam Hadhari）意指想要結合經濟發展與伊斯蘭化的企圖。[19]

馬來人現在出國到中東保守的學府，如開羅的艾資哈大學（Al-Azhar University）研習伊斯蘭律法，而馬來西亞的國際伊斯蘭大學以阿拉伯語和英語開法律與經濟學門的課程，吸引阿拉伯人和伊朗人來馬來西亞深造。高等教育部副部長賽夫丁·阿都拉（Saifuddin Abdullah）向我解釋，為什麼馬來西亞是中東穆斯林最理想的去處。「他們可以透過英語得到現代教育。此地又有符合伊斯蘭律法（*halal*）的食物。馬來西亞物價相當低廉，氣候宜人。相對於中東，我們有多元文化，而且相對進步。大部分阿拉伯人和伊朗人希望自己的祖國能更自由化，他們在這裡找到他們要的東西。」

國際伊斯蘭思想及文化研究院副院長阿布杜拉・阿山（Abdullah Al-Ahsan）教授評論說，馬來西亞是唯一一個穆斯林國家，早在一九五七年起就定期選舉，即使它是由「馬來民族統一機構」（United Malays National Organization）†主宰的一黨國家。「馬來西亞已經產生影響。它在穆斯林世界是個模範國家。許多人從我們這裡畢業後，在中東各國位居要津。」或許阿山教授最有名的學生是土耳其現任外交部長阿赫美特・達吾土古路（Ahmet Davutoglu）。達吾土古路一九九〇年代上半葉曾到馬來西亞留學。他擬定的對伊斯蘭世界創新的外交政策，幫助土耳其崛起為不再對西方唯命是從的中等大國。「馬來西亞給予達吾土古路一個看到外在世界的機會。」——或者說是一個既有四海一家精神、卻又不失伊斯蘭本質的世界。因此，達吾土古路能夠替他的祖國土耳其規劃類似的可能性。

---

* 譯注：穆斯林的問候語，意即「祝你平安」。
† 譯注：華人稱之為「巫統」。

我們必須知道，馬來西亞的現代伊斯蘭文明之根源其實更早於當代城市文明。檳城的穆斯林知識分子卡爾東．馬力（Khaldun Malek）向我解釋，馬來西亞與中東的交流可以上溯到中古時期，吹向有週期性的季風利於航行，因此不必等待蒸汽船時代，就可以與印度洋文化產生結合。事實上，蒸汽船只強化泛伊斯蘭主義，因此十九世紀末期波斯人賈瑪爾．艾丁．阿富汗尼（Jamal ad- Din al-Afghani）和埃及人穆罕默德．阿布都（Muhammad Abduh）的伊斯蘭現代主義——強調在伊斯蘭本身內部尋找普世原則，以回應技術先進的西方所構成的挑戰——在我們這時代的城市化之前許久，就已經進入馬來群島。借助於所有這些發展，馬來西亞可以說是中東在亞洲綻放的果實。這裡的穆斯林人口並非高達九成或八成，而是只有六成，此特色對伊斯蘭造成了某種限制，同時一方面使之必須自我節制、調整，一方面又使之缺乏安全感。而且其他人口本身也有豐富的文明傳承。

此處伊斯蘭霸權最強勁的挑戰來自於中華文化。馬來西亞的華人可說具有全世界最道地的中華文化：它沒有像中國搞資產階級文化大革命，斷了文化源頭；它也不像新加坡的華人拚命西化。甚且，雖然馬來西亞的華人社群過去被說是多元化，譬如說有來自華南的福建人、也有在本地出生的土生華人（*Peranakan*）*，可是現在在馬來西亞大城市裡已逐漸出現單一色彩的華人意識——這也算是全球化的產物。它可以和近幾十年來出現在印度，取代了往昔各種區域、村落意識的單一印度主義（Hinduism）做個比較。這個單一色彩的印度主義成為印度民族主義的基礎。可是，馬來西亞華人非常不同，儘管他們認同某些特定政黨，但他們是以經商為重、中間人心態的少數民族，不像印度人那樣會受到祖偉大國之號召。可是，面臨著《經濟學人》週刊所謂的本地「尖銳的族群和宗教分野」，馬來西亞華人以較狹隘的族群來作為認同是可行的。[20]

吉隆坡一位華裔學者告訴我：「小時候，穆斯林常到我家來玩。現在華人家裡罕於招待穆斯林客人。即使你家的杯盤器皿乾淨，它們還有豬肉殘味，因此不符合伊斯蘭律法，在穆斯林眼裡，這代表你全家都汙染了。」我在馬來西亞逗留期間，聽到各種不同版本的這個故事。但是我認識的一位穆斯林學者說，這個觀察只能說半對半錯。他解釋說，過去，菁英只跟菁英來往，穆斯林之所以拜訪華人家庭，是因為大家同屬一個階級圈子。但是現在新興的中產階級華人必須與新興的中產階級穆斯林打交道，而後者嚴守他們的飲食戒律。

---

* 譯注：這包含明朝移民與當地女子婚後所生稱為峇峇娘惹的後裔，還有位於吉蘭丹的泰華混血統稱為土生華人。

華人和印度人通曉馬來語文，但是在城市裡對伊斯蘭展現虔誠信仰的馬來人，卻不通華語和印度話。馬來人即是城市窮人的同義詞，城市窮人多，是馬來西亞最棘手的問題，這一點和許多開發中國家沒有兩樣。換句話說，這個社會存在著相當大的緊張，但是好在石油及天然氣豐富支撐著消費經濟，還有一大堆的社會福利機構。以開發中國家的標準來看，馬來西亞失業率很低——有些估計說，只有百分之四——使它不致爆發事端。非常重要的一點，馬來西亞已經超過四十年沒有族群暴亂。並且儘管不同的族群彼此分開居住，很像斯里蘭卡和斐濟，卻不像這些地方有族群戰爭和叛亂。

因此，儘管馬來西亞有內部分化，卻構成相當成功的後殖民經驗，有數以百萬計的人脫離貧困、改善自己的社會地位。我們不應該忘記這一點。

馬哈迪的改革

當代馬來西亞具有的經濟、科技動力的燦爛景象，絕非偶然。在相當程度上，這要歸功於馬哈迪（Dr. Mahathir bin Mohamad），他原本事醫生，從一九八一年至二〇〇三年長期擔任首相。馬哈迪一九二五年出生於西北部極端重視伊斯蘭信仰的吉打州亞羅士打市（Alor Setar）一個半農村的貧民窟，手足九人、排行老么，直到五十六歲才出任首相。從青年時期起，他就得為生計煩惱。總而言之，他出身貧苦，在登上權力高峰之前，花了數十年時間在地方政治中打滾，而且地方上還非常歧視像他這樣出身寒微的人。因此當他掌權之後決心要大刀闊斧地改革。沒錯，他根據個人經驗建構他的治理觀。在第二次世界大戰期間，儘管他曾親眼目睹日本士兵以刺刀捅殺一名英國軍人的殘暴行徑，他對日本占領的整體印象是：馬來人的「落後與無能」。戰後不久，他在現代化的新加坡，眼看著馬來人與更現代化、城市化的華人及印度人一比，馬來同胞的故步自封更深鑄在他心頭。對於馬來人日常生活的落後有如此敏銳的觀察，使得他在一九六九年族群大暴動之前就預見到馬來人、華人和印度人之間存在著「即將如山洪爆發般的反感」。果然，那場暴動造成數百人死於棍棒與刀斧。

馬哈迪在政壇崛起要歸功於他有能力掌握到馬來人對其他優勢族群的仇視心理。華人和印度人有廣大的祖國可以回去，馬來人和他們不一樣，根本沒有別的地方可以投靠。而這些原住民（*bumiputra*），不論是否為馬來人，即使占了人口的六成左右，在自己的土地上卻覺得家產遭到剝奪。馬哈迪一九七〇年出了一本書《馬來人的兩難》（*The Malay*

Dilemma），他在書中支持麻六甲海峽和南海南方島礁的當地穆斯林馬來人是「定義性民族」（definitive race），非馬來人的移民，如華人和印度人，必須要學習他們的語文。穆斯林馬來人必須控制官僚系統、武裝部隊、警察、司法機關及國家其他機構，以及各個王室。馬來西亞要有一個多數專政政體（tyranny of the majority），而這正是十九世紀英國哲學家約翰・斯圖亞特・彌爾（John Stuart Mill）對新興民主所擔憂的。[21]為了改善馬來人的落後，馬哈迪所祭出的方法是「建設性的保護」，一種保護馬來人的平等權利法案，以便逐步把他們提升到其他族群的開發水準，馬來人將享有明白的社會、經濟特權，但又不能多到使他們懶惰。[22]

馬哈迪公然談論馬來人的懶惰、消極，和對時間、金錢及財產的不夠尊重。馬哈迪想把馬來文化改造為類似凱末爾（Mustafa Kemal Ataturk）改造土耳其文化的地步：只不過凱末爾企圖將土耳其人世俗化，馬哈迪卻選擇伊斯蘭化。因此，或許可以說，馬哈迪的成就比較大：他在奈波爾出版著作那一年出任首相，他證明奈波爾錯了，因為伊斯蘭和經濟、社會活力不是不能相容。在馬哈迪當政下，國營廣播和電視台每天提醒穆斯林祈禱，而一反凱末爾主義的作法，馬來女子以「各種不同形式的面紗」將自己遮起來，而他也以伊斯蘭嚴格的倫理標準剷除裙帶主義和貪瀆腐敗。由於他有能力結合宗教熱忱和對科技的虔信，馬哈迪把位於穆斯林世界邊陲、東南亞的馬來西亞，成為中東辯論價值時的重要模範。

新加坡強人李光耀以世俗主義加強本地人的愛國精神，馬哈迪卻以伊斯蘭加強馬來西亞人的愛國精神，且只訴求占多數的馬來人。高等教育部副部長賽夫丁·阿都拉告訴我，馬哈迪「藉由以伊斯蘭技術官僚建設一個現代國家，替全世界規劃出溫和伊斯蘭的道路。」賽夫丁又說：「馬哈迪曉得如何不必西化就能現代化。他向日本和南韓汲取經驗，不只局限於師法西方。」馬哈迪本人的成就象徵著中等大國與全球非西方世界之興起。

阿拉伯人和伊朗人因為馬哈迪支持巴勒斯坦人並抨擊猶太人和西方，都很尊敬他。馬哈迪擁護穆斯林的波士尼亞、反對美國入侵伊拉克。他藉由好戰的伊斯蘭主義外交政策，企圖讓馬來西亞有更強烈的國家認同。然而，由於他對伊斯蘭的強調，穆斯林馬來人和非穆斯林的華人、印度人之間出現了族群的緊張關係。[23]

提升本身族群地位只是馬哈迪全面施政計劃的一部分。馬哈迪藉由他崇拜的英雄吐露他的雄心壯志：除了現代土耳其國父凱末爾，他還欽佩俄羅斯的彼得大帝和南韓總統朴正熙，全是偉大的建國英雄。馬哈迪擔任首相的二十二年期間，經濟年平均成長率為百分之六·

一，使馬來西亞成為當時開發中世界成長最快的國家之一。原本著重於民生必需品的經濟，變成生產工業製品，它們很快就占了出口的七成。他的政府投資建設機場、公路、橋樑、摩天大樓、貨櫃港口、水壩和電腦網路。崇尚科技的馬哈迪深諳交通及通訊的基礎建設攸關一個國家在二十一世紀能否有所成就。已故的《亞洲華爾街日報》總編輯巴利・魏恩（Barry Wain）寫了一本十分客觀的馬哈迪傳記《馬來西亞的特立獨行者》（*Malaysian Maverick*）；他說，馬哈迪身為首相，「藉由恩威並濟的手腕，帶來社會和平與永續的經濟成長，儘管不少的非穆斯林（尤其是華人）選擇移民出去，馬來西亞中產階級的數量還是持續攀升。即使有批評，也少有人願意傷害到日漸改善的生活水準，或是冒著遭到放逐甚至更慘下場的風險。」有位馬來西亞評論員說：「馬哈迪的一項重大成果是，他說服馬來西亞社會『少政治』、『多經濟』、『少民主』、『重穩定』，才能持續保證繁榮。」本地某個非政府組織負責人詹德拉・穆札法曾經被馬哈迪抓去坐牢，他告訴我說：「現在已經有了馬來人醫生和律師，也在華人中產階級之後，出現了真正的馬來人中產階級。這是在沒有暴力的情況下，透過民主運作達成的。」不過，馬哈迪的統治風格是傳統的威權主義。他把政治對手和公民社會人權分子統統抓起來，不准任何人質疑他對現代、高科技及工業化的馬來西亞的前瞻。[24]

馬哈迪的統治既重細節，也重宏觀面。他分析力強，又有遠見，治國猶如醫病。他會親自抽查下水道和公共廁所，在筆記本中記下違犯事項。他堅持公務員要佩掛名牌，以利百姓抱怨時能確認對象。他還有在政治人物身上罕見的美學素養，以致於能委由日本人設計，建設一座後現代的超級大機場——吉隆坡機場是全世界最大、最漂亮的機場之一。他緊鄰著吉隆坡建設新行政中心布特拉再也（Putrajaya），它有波斯、蒙兀兒、馬來的建築，又有翠綠、繽紛的色彩，以及童話故事般的圓頂建築，遠比巴基斯坦從零開始興建的首都伊斯蘭馬巴德，只有過度誇張的史達林式、蒙兀兒的建築，賞心悅目得多。布城和伊斯蘭馬巴德兩者之間的差異，具體而微地以美學的角度呈現出馬來西亞和巴基斯坦兩國的差異：前者是健康的以穆斯林為多數的社會，後者是不健康的純穆斯林的社會。吉隆坡八十八層樓的國營石油公司雙子星大樓，由馬來西亞石油巨擘出資、委由美籍阿根廷裔建築師西薩・培里（Cesar Pelli）設計，它一度是全世界最高的建築物，從上往下看形狀有如伊斯蘭之星——這是一向注意細節的馬哈迪所堅持的。雙子星大樓閃亮的鋼骨和玻璃，以及夜裡璀璨的景觀敘說著偉大的雄心和靈感。

馬哈迪的精力不虛擲浪費有一個最具體的實證：他討厭全世界領袖都喜愛的高爾夫，認為打高爾夫太浪費時間。他的負面缺點不少：譬如他允許底下人圍著他搞個人崇拜；他創造的制度講究服從，不問廉潔——儘管他也要求公務員要負責任；他以抹黑人格的手法摧毀政敵副首相安華（Anwar Ibrahim）。他在一九六〇年代攻擊華人，以及一九九七至一九九八年亞洲經濟危機期間抨擊全球猶太人，透露出他的偏見和反猶意識。他挑撥族群敵對，不思和緩衝突。這是他卑鄙的政治算計：他曉得這類的攻擊可以爭取選民的歡心。他知道馬來穆斯林已經深惡痛絕以色列占領巴勒斯坦，還故意煽動它，耍弄全球媒體，以爭取國內民心支持。

馬哈迪可以耍卑鄙、搞小動作，其實也極端缺乏安全感。他在出任首相之後，把建於一九〇四年、作為英國高級專員官邸，從山上俯瞰吉隆坡的卡戈薩色利尼加拉（Carcosa Seri Negara）華廈沒收。這座景色優美的華廈對英國人別具意義：吉拉德·田普樂爵士元帥（Field Marshal Sir Gerald Templer）於一九五〇年代從這棟官邸指揮剿滅共產游擊隊的戰事，是英國軍事史上重要的一頁。但是馬哈迪不喜歡**白人居高臨下、瞪著我們**，於是下令把這棟華廈沒收了。*

西方媒體總希望有傑出卓越可供讚美的英雄，也希望有專橫無道可供批判的惡棍。但真實世界卻不一樣。不會有優點集於一身這回事。偉大的領袖也有醜陋的缺點。這就是我們在馬哈迪身上見識到的教訓。馬哈迪把穆斯林占多數的馬來西亞放到地圖上，賦予這個有點人為想像出來的國家一個共同的認同意識，特別是在穆斯林世界內部。也因此，他擋住了來自西方的壓力。在西方相對沒落的當下，馬來西亞在他治理下展現出來的活力，構成宛如史詩的一頁。

脆弱的認同與國家

馬哈迪的統治風格，用澳大利亞學者哈洛德·柯洛奇（Harold Crouch）的話說，顯示「民主和威權之間尖銳的二分法並不適用。」儘管馬來西亞有深刻的族群和文明裂痕，近來也有政治動盪，這個混合或「難以界定」的政府創造了「某種程度的一致性，作為一個相當

＊ 譯注：Carcosa是英國馬來聯邦總督瑞天咸建造的官邸，Seri Negara馬來語意即「美麗的國家」，是另一棟作為高級官員招待所，馬來西亞政府在一九八九年把這兩棟華廈改成豪華大旅館。

穩定的政治秩序的基礎」。馬哈迪的政府既非民主亦非威權，因為它同時「既非常高壓，又能有效呼應」人民需求。它鎮壓異議分子，可是它也解決問題。選舉制度相當偏袒政府，不利在野黨，不過近年來選戰十分激烈，執政黨面臨嚴峻挑戰以保權位。馬哈迪在職期間，使得半數窮人脫貧。但是，由於「社群的裂痕猶深」威脅到安定，具有推動自由化傾向的現代中產階級結構還未成熟到催生全面民主。政府的兩難在於新興的中產階級仍然各依族群的不同而深刻分立。[25] 換句話說，還不能團結求進步。

馬來西亞也頒布過施行軍事管理的緊急狀態法，發生過不經審訊抓人，以及對工會活動設限。縱使如此，柯洛奇在一九九六年寫說：「在暴力隨時可能發生的社會，馬來人及非馬來人菁英，乃至大部分人民，往往重視安定大過於民主。」[26]（也有一說認為暴力的根源是馬來族群內部的世俗派與非世俗派的衝突，而非種族之間的衝突。）除了種族分裂之外，穆斯林馬來人其實還分為九個王室不具實權統治的州屬（sultanates），這還不說另有麻六甲及檳城，以及婆羅洲的沙巴和砂勞越這兩個東部州。這是一個在政治上不穩定的設計，妨礙了馬來人針對英國人的爭取獨立運動，並演變為今天高度聯邦化的體制。

馬來西亞因此是個後現代社會。前任部長再益・伊布拉欣（Zaid Ibrahim）解釋說：

「政治上，因為不同種族的分裂，我們沒有馬來西亞認同。當政客宣稱我們有此一認同時，事實上它就是沒有安全感的跡象。我們只是和平共存、互不來往的群體罷了。」他認為，馬來西亞還未經驗民族主義，就已經超越了民族主義。伊斯蘭以及其他私立學校如雨後春筍出現，加上教授英文，更加在此地創造一個全球化的社會。

馬來西亞所追求的軍事現代化，根據一位馬來西亞國防官員的話說，表現民族主義的意味少於和新加坡較勁、「輸人不輸陣」的心態。他說：「是因為新加坡採購軍火，逼得我們跟進。」馬來西亞擔心，一旦發生戰爭，新加坡掌握的空中優勢可在「六到十小時」之內逼得馬來西亞投降。當然，你如果問馬來西亞人，有什麼原因新加坡會入侵呢？他們答不上來。新加坡根本不會打馬來西亞，馬來西亞人心知肚明。馬來西亞人沒有感受到威脅。這一點也稀釋了他們的民族主義意識。

軍隊本身是馬來西亞輿論分裂的原因之一。軍人絕大多數是馬來人，因此軍隊在華人和印度人社群中並不太受歡迎。同樣的，馬來西亞軍隊得到統治國家的政治既有勢力支持，但是在幾乎全是華人和印度人的反對派中就不太吃香。

馬來西亞和高度民族主義的越南不一樣，並不想和中國衝突；然而，美國軍艦從二〇〇三年的只到訪馬來西亞三次，提升到近期一年到訪五十次，且到訪整個東南亞兩百八十次，來暗示保護這些國家對抗中國。美國核子潛艦也訪問過婆羅洲的馬來西亞港口。美軍人與馬來西亞人一起受訓，而且五角大廈以全球反恐戰爭的名義，提供馬來西亞數千萬美元的雷達設施，用在南海。事實上，馬來西亞和美國之間的雙邊軍事關係極為親密。馬來西亞最近三任海軍總司令全是羅德島州新港美國海軍戰爭學院（U.S. Naval War College）畢業生。同一位國防官員告訴我：「我們對中國相當放心，因為我們曉得美國會保護本地區。」因此，美國的援助使馬來西亞可以高枕無憂，保持國家定位的模糊性。

馬來西亞雖有種種伊斯蘭表象，卻是僅次於新加坡，美國在南海地區最可靠、雖然也最低調的盟友（不過，越南可能很快就會在這方面超過馬來西亞）。馬來西亞很小心地把它兩艘法國—西班牙製造的潛艦派駐在沙巴（靠近南沙群島）的實邦加灣（Teluk Sepanggar）海軍基地，提防中國。馬來西亞軍隊，尤其是空軍，現在婆羅洲頻頻進行應變演習，以便防衛它在南沙群島的駐軍。（馬來西亞主張對南沙十二個島礁具有主權，並於其中五個派兵駐守，它在彈丸礁還有可供C-130運輸機起降的跑道。）[27]專長國防事務的顧問吉爾漢・馬哈茲（Dzirhan Mahadzir）說：「我們強調對中國的嚇阻和備戰，但是我們不求戰。」可是，馬來西亞軍官絕不會忘記中國直到一九七〇年代，還支持在馬來半島北部叢林以華人為主力的共產黨叛軍。

但是，馬來西亞的民族主義只在國防、治安圈中有發音量。由於國內的不安以及族群關係的複雜，馬來西亞可能已經沒有太多精力進行外界衝突。它或許會盡力和緩在南海的敵對。

穆斯林知識分子卡爾東．馬力告訴我，盤據於大海之上、橫跨許多島嶼的馬來社會已經存在幾百年了，但「民族國家在這裡還是很晚近的現象」。的確，馬來西亞是由英國所管治的馬來半島及婆羅洲拼組而成：這塊地區位於泰國之南、荷屬東印度（即今天的印尼）之北和西。馬來西亞不是像中國、泰國、越南這樣歷史悠久的國家，甚至也沒有飽受種族、民兵動亂之苦的緬甸歷史久遠。根據卡爾東的說法，這也是為什麼伊斯蘭能在這裡部分取代民族主義的原因。

內部力量如此孱弱，難怪國家政治不振。再益．伊布拉欣說：「今後再也不可能有人像馬哈迪那樣以家父長的姿態治理國家。」執政黨巫統當權已經超過半個世紀，有可能輸掉未來選舉。他又說，主要的競爭將是巫統和泛伊斯蘭馬來西亞黨（Parti Islam se-Malaysia，前稱回教黨）之間爭雄。的確，即使在後巫統時代統治多數領先幅度將會日益縮小，目前在馬來西亞政壇勢力蒸蒸日上的還是一個清廉反貪的伊斯蘭政黨。「巫統占三分之二多數（使馬哈迪因而有餘裕搞經濟開發）的時代已經過去了。」＊這一切都使得老百姓更難以滿足，尤其是拜全球媒體之賜，現在人民可以與其他國家做比較。遲早有一天在野黨會掌權。如果能和平轉移，而不是透過馬來西亞國內外專家都認為的以鬥臭馬哈迪的方式進行，那麼，可以說歷史將還給他那不怎麼光彩的成就一個公道。

檳城遺蹤

我到了檳城，這一切「微妙的緊張」就更清晰了。在十八世紀末和十九世紀，阿拉伯人、亞美尼亞人、福建華人、古吉拉特邦（Gujarat）的印度人，以及蘇門答臘亞齊的馬來人，全被英國人的自由貿易政策及他們提供的安全所吸引，來到馬來半島西北方的這個島嶼。從檳城出發的海上航路跨過孟加拉灣，通往暹羅以及緬甸，也跨過南海通往中國東南部的福建。這些來自東方各國的貿易商，集合在檳城，於十九、二十世紀之交出資開發馬來半島剛出現的錫礦。不過，檳城極大多數居民是華人。近幾十年來的穆斯林馬來西亞政府對華人處處提防，想方設法集中經濟權力在吉隆坡，防備其他地方的分裂主義傾向，他們刻意邊緣化檳城，因此近來本地港口的貿易極大部分來自馬來西亞國內。

為了追尋這股存在於百年前、但如今已消逝的全球大都會芳蹤，我來到島上的舊城區。這裡有一座六十英尺高、具摩爾人建築風味的圓頂白色鐘樓，建於一八九七年，紀念維多利亞女王登基六十周年。鐘樓高聳入雲，不過遠處新蓋的大樓逐漸超過了它。同樣的，鄰近的十九世紀初興建的康瓦利斯堡（Fort Cornwallis）是英國人統治檳城的大本營，也一樣變得矮小了。但是，檳城的百葉窗、有陽台的商業大街，雖然已是斑剝破舊的一層樓或兩層樓，堆著盆栽、電線暴露在外，才讓人體會到當年的事物是多麼的小而親切。我只花了三、四十分鐘就逛完檳城舊城。這個英國人統治的城市和它以華人為主的居民並不需要靠科技來統合，這是一個看得到、摸得著的社區。但是，誠如遠處的高樓所顯示，馬來西亞的政客現在

＊ 譯注：這裡所指的應該是由巫統所主導，包含華人的馬華公會、印度人的國大黨，還有一些小黨所組成的「國陣」執政聯盟所取得的國會席次。

要滿足住在失去人味的公寓大廈內、形同陌路的龐大人口。可是此地的政治愈來愈不是一小撮人之間的事務，它需要有更強烈的象徵符號，因此它頗有墜入意識型態的風險。因此，在未來我們不能排除極端主義的可能性，不論它是出自中東或其他地方——這是相當務實、且往往是殘忍的殖民主義經常缺乏的危險事物。

今天的馬來西亞夾雜著不同文明來到了一個崎嶇難行的十字路口，它要如何克服內部的族群問題，同時又要如何在高科技時代作為一個大眾民主國家？馬來西亞人的政治發展，或許可以成為全世界各個國家最有啟示意義的借鏡。

第五章

新加坡：自由主義的實驗室

「即使我們位居世界最重要的海上要衝，我們並沒有領海。獨立和安全的交通線是我們生存之必需。」

——某新加坡現職外交官。

實用主義之極致

在新加坡市中心，沿著新加坡河，靠近工程設計完美的亞洲文明博物館（Asian Civilizations Museum），有一座中國已故領導人鄧小平的紀念碑。鄧小平堪稱是二十世紀偉人之一，他替中國經濟注進資本主義，使得東亞地區接近十億人的生活水平大幅提升。歷史上沒有其他任何人像鄧小平那樣，在這樣短促的時間內讓這麼多人改善生活品質。但是鄧小平在西方世界毀譽參半。他是個無情的暴君，是一九八九年北京天安門廣場上或許數千名示威學生慘遭屠殺的幕後黑手。只有在新加坡，他才會被如此公然推崇——而且推崇地恰如其分，合情合理。新加坡退休的外交官許通美解釋給我聽是誰決定興建鄧小平紀念碑：「新加坡已把務實主義提升到哲學的地步。」他說，新加坡不在乎點子美不美，只重它是否實用。

我站在鄧小平紀念碑旁、眺望新加坡鬧區：一座沉悶的灰、藍色企業公園，有著巨型城市的規模，整齊的一絲不苟，周圍的摩天大樓像尖銳的七巧板拼塊精準地拼組起來，緊扣著他們的數理邏輯。這是華人抽象智慧的表現，他們了解從概念上利用空曠的空間；印度化的馬來人心思就完全不同，他們喜愛色彩濃烈、編織精美的紡織品，配上花卉樣式（附近的博物館陳列品即是證明）。但是要說新加坡冷漠、沒人味，恐怕是以偏蓋全。到處都是文明的綠蔭，從機場出來沿路都是燦爛奪目的九重葛。除日本以外，新加坡是印度—太平洋地區唯一汽車會自願為行人停下的地方。

歷史終結的時候會有夢囈：這是新加坡提供的教訓。實用主義推到極致，或許不討西方人文主義者的歡心，但是新加坡作為馬來半島南端一個彈丸之地的城市國家，在環伺列強都垂涎它的地理位置之下，這是它唯一的生存之道。新加坡的內在邏輯是順著它地理上的羸弱而走。

權力平衡的信徒

新加坡的天然深水港位於麻六甲海峽通道——全世界最重要的海洋瓶頸——最狹窄的地點。有史以來，這個小島一直是兵家必爭之地。新加坡人民的祖先屬於靠海為生、特別是幹海盜起家的族群與部落——華人、印度人、暹羅人、廖內人（Riaus）*、爪哇人、馬來人都有。新加坡一向屬於別人的帝國或王國。從二十世紀的後三分之一時期始，它成為獨立的城市國家，這在歷史上可說是相當奇特的例子。

根據一位資深現任官員的說法，新加坡純粹是因為哲學原因而成為深具憂患意識、隨時備戰的國家。由於新加坡領導人堅持一種多元種族的菁英政體，它在一九六〇年代被趕出馬來人主導的聯邦。因此，新加坡發現自己孑然一身、處在有敵意的新馬來西亞旁邊，而且馬來西亞還控制著新加坡的淡水水源。同時，親共的人口大國印尼更虎視眈眈，雄踞在側。[1]新加坡在此區域又小又孤獨，情形與以色列毫無二致。以色列大力相助培訓新加坡的武裝部隊，也就不意外。數十年後，新加坡的商業模式成為宣揚軟實力最有力的論據，不過某些新加坡官員並不喜歡這個名詞。一個又一個新加坡官員告訴我：**唯有在硬實力穩固之後，軟實力才有意義**。以色列人聽了，一定頻頻點頭稱是。

在西方世界，權力平衡經常被認為是犬儒的口號，是冷血無情的現實主義者的搪塞推托之詞，新加坡人則把權力平衡和自由視為相等的東西。由於大國環立，唯有這些大國彼此之間維持均勢，新加坡這種小國才有獨立可言。何況新加坡又不是汶萊，並沒有石油資源。

有位現職外交官告訴我：「即使我們位居世界最重要的海上要衝，我們並沒有領海。獨立和安全的交通線是我們生存之必需。」的確，南海的航行自由代表每年有七千五百億美元的海上貿易，而這是新加坡GDP的三倍；可是新加坡的GDP只有鄰國GDP的三分之一。†

用政治學的術語來說，新加坡所面臨的特殊挑戰是，中國是個地緣政治上的「事實」，而美國至少在亞洲只是一個地緣政治上的「概念」。用白話文來說：中國就在附近，因此有威脅；而美國的外交政策如果真的出現根本性的改變，則它根本不用像現在這樣在本地區部署兵力。有位高階軍官告訴我：「中國很大，我們很小。中國說它是維持現狀的國家。但是它的經濟和軍事成長了數十年，已經改變了現狀。」新加坡提供的另一課是，稍微恐慌是有幫助的。

不過，新加坡官員因為記住長久以前的歷史，還算安心。儘管華府大裁預算，他們並不

* 譯注：位於蘇門答臘東岸，與馬來半島隔麻六甲海峽相望。

† 譯注：根據世界銀行資料，二〇一四年新加坡的GDP為三千零七十億美元，馬來西亞為三千三百八十億美元，印尼為八千八百八十億美元。

太擔心美國會削減在亞洲駐軍。他們記得有一段更黑暗的時期：越戰結束時，美國對亞洲的準孤立主義的確有可能出現；卡特總統也試圖將美軍撤出南韓，但新加坡人民認為卡特太天真了。

事實上，全世界的外交決策和安全事務菁英，沒有人會比新加坡人更讓我覺得冷血現實。譬如說，菲律賓和新加坡一樣，十分熱中於反制中國的力量，可是在新加坡人眼裡，菲律賓人「太衝動、毛躁，因此把安全情況弄得更加亂」。新加坡人對於慎思熟慮的敵人比較放心，反而擔心不慎思熟慮的朋友。有位新加坡人如此說：「到頭來，軍事力量和海軍強弱才是重點，並不是慷慨激昂或心存善念的言談。」我在新加坡各個部會碰上的官員千篇一律都堅持不做紀錄才肯坦誠對話。在他們看來，公開外交被過度高估，也是他們不存幻想的東西。

小國的硬實力

新加坡的獨立不以空口高喊獨立起始，而從建立強大軍力著手。有位國防官員解釋說：

「蜘蛛人需要一套服裝才能強大有力；我們需要一支規模特大的武裝部隊。」新加坡人口僅有三百三十萬人，它的空軍卻與人口兩千三百萬的澳大利亞一樣規模。某個鄰國的國防官員告訴我：「新加坡人和以色列人一樣，相信空中優勢。他們付飛行員高薪。他們也有空中預警機（AWACS）。」除了一百多架噴射戰鬥機之外，新加坡有二十艘配備飛彈的船艦、六艘巡防艦，以及驚人的六艘潛艦——本地區人口比它不知大出多少倍的國家，如印尼、馬來西亞和越南，各自的潛艦都沒有新加坡多。「沒有人可以透過封鎖壓迫我們。」

新加坡有了這些海、空載具還不夠。它非常認真要能有效地運用它們。由於新加坡國土狹小，缺乏足夠空曠之地進行軍事訓練，它常年安排四個空軍中隊在美國受訓、地面部隊在台灣受訓，以及直升機員在澳大利亞受訓。它每年安排六十五天的時間讓陸軍的豹式戰車可以進行操演。「我們不會被我們的鄰國包圍。」新加坡也實施徵兵制。同一位國防官員說：「全世界只有三個已開發國家對於國民兵役十分認真：南韓、以色列和我們。」

但是中國強大的潛在力量仍然讓新加坡人不敢掉以輕心，因此他們覺得自己別無選擇，必須直接仰賴美國。另一位外交官員告訴我：「我們認為美國的硬實力是有益的。美國海軍透過保護海上通路來確保全球化，而我們比起其他任何國家受惠更大。對我們來講，美國及其龐大的安全架構沒什麼黑暗或陰謀面。」

一九九八年，新加坡興建樟宜海軍基地專供美國核子動力航空母艦和潛艦使用。本地一名高階軍官告訴我，「我們把碼頭設計得符合美國軍艦的尺寸」，以便吸引美國海軍船艦進入新加坡水域。「這就好比你準備了好咖啡和好茶待客，客人就會上門。」的確，二〇一一年，美國有一百五十艘軍艦訪問新加坡。美國也在二〇一一年宣布，三艘濱海作戰艦（LCS）將進駐新加坡。

最後，除了軍事力量之外，還有外交力量。新加坡不僅透過美國海、空軍「外化」它的安全，也透過與東協這類同盟強化安全。參加東協就是「與其他國家社交，尋求一套核心價值」。此核心價值的重點在於，將一群小型及中型國家團結起來，對付中國這樣崛起的大國以確保獨立，不過本地區沒有哪個外交官會公開這麼說。

每當我和新加坡的高級文官談話時，始終會有一名青年官員全程陪同。他們告訴我，這是為了讓年輕世代學習「我們的治理哲學」，因此可以「繼承傳統」。事實上，我愈是訪問新加坡，就愈發感覺，儘管仍有差異與難以消除的不平等，這個城市國家的不同族群——華人、印度人和馬來人——言談舉止愈來愈像：彷彿哲學原理可以泯除種族差異。當然，它是可以的。美國的天主教徒、猶太人和其他族群紛紛接受基督新教徒的信條，就是一個實例。但是，或許因為新加坡是個彈丸小國，所以同一現象在此地出現就變得相當強烈、明顯。我彷彿走進柏拉圖的烏托邦共和國之中，有一位聖賢哲君治理國政。

事實上，新加坡是有個聖賢哲君，這些外交、國防官員一再地言必稱堯舜，不斷引述他的嘉言教誨。他是新加坡版的鄧小平。事實上，鄧小平一部分治國理念得自他的啟發。

失去馬來西亞

試想一下：僅僅三十年的時光，新加坡從一個瘧疾肆虐、惡臭沖天、汙染危害性命的雨季積水之地，進化成為全球經濟動力引擎，是企業界公認效率高、生活品質高的理想國家。昔日的新加坡，貧民窟林立、老鼠野狗橫行，垃圾如山。新的新加坡乾淨無疵，暢行無阻。一九六〇年代初期的新加坡一窮二白，有如撒哈拉沙漠以南許多非洲國家；到了一九九〇年代，這個僅有五分之一個羅德島大小的城市國家，其生活水平高於澳大利亞。創造此一奇蹟的功勞歸於一人：留學英國的華人律師哈利．李（Harry Lee）——當他決定從政時，把名字改為傳統的「李光耀」。

一九九〇年代，每當我有機會和阿拉伯世界及前共產黨陣營的有力人士坐下來談話時，最愛提出一個問題：撇開堪與邱吉爾或羅斯福比肩而立的偉人，誰是他們心目中二十世紀第二等最偉大的人物、貴國目前最需要的人物？我得到的答案從來不是曼德拉或哈維爾，一成不變都是李光耀。從來不曾面對大群人民、肩負官僚行政責任的新聞記者和知識分子，只知在一旁高唱道德論調，並不喜歡他。但是，美國福特總統、老布希總統，以及英國首相柴契爾夫人等西方領袖，全都了解面對難以平息的狂暴力量時，需要在道德上有所妥協，因此都很尊敬他。柴契爾夫人曾說：「我在職期間，一定拜讀和分析哈利每一篇講話。他能夠撥雲見日、一針見血……他從來沒犯過錯。」[2]

澳大利亞編輯、知識分子歐文．哈里斯（Owen Harries）對李光耀一生事業有過最上乘的簡潔分析。他寫說，李光耀的政治哲學是他在一九四〇年代經驗的結晶：他在一九四〇年代上半期，見識到日本人占領的極端強暴；而一九四〇年代下半期負笈牛津，他體會到法治國家底下的公民社會。[3]李光耀在他的回憶錄第一卷《新加坡的故事》（*The Singapore Story*）中寫下：「日本占領下的三年半時間，是我一生最重要的時期。它們讓我對人類行為及人間社會、他們的動機和衝動，有鮮明的了解。」他說：「日本人要求全面服從，也得到它所要的……在刑罰嚴峻之下，罕見犯罪……因此之故，我從來不相信主張對犯罪及刑罰寬鬆的人士，這些人認為刑罰無法降低犯罪。我在新加坡的經驗可不是這個樣子。」李光耀說，他從日本占領新加坡「學到比任何大學能教給我的更多的東西」。縱使如此，他戰後進大學唸書，也學到許多東西。他和他在牛津大學的新加坡和馬來亞同學，「非常熱中成熟的英國制度，在英國制度下，憲政傳統和寬容允許權力和財富可以和平地徹底轉移。」[4]

李光耀以英國的依法治理緩和日本人的法西斯式秩序，在這個低潮時面積只有兩百一十四平方英里的小島創造開發奇蹟。李光耀以兩卷令人不能釋卷的回憶錄敘述他如何做到這一點。大部分的政治人物回憶錄是由文膽代筆，拼湊一些令人望之卻步的文章而成，滿紙自我辯護的老生常談。但是李光耀這兩卷回憶錄——《新加坡的故事》和《從第三世界到第一世界：新加坡與亞洲經濟繁榮》（*From third World to First: Singapore and the Asian Economic Boom*）——卻直可媲美普魯塔克（Plutarch）在西元二世紀初的《希臘羅馬名人傳》（*The Lives of Noble Grecians and Romans*）。[5]李光耀敘述的故事挑戰西方知識菁英的哲學支柱，因為它暗示美德和民主政治一點都不搭軋，菁英主導的準專制制度，比起薄弱、混亂的議會制度，在貧窮的國家可以很快獲致經濟結果。

新加坡的李光耀比起馬來西亞的馬哈迪，是更值得學習的領導典範。兩個人都給新打造的民主制度加上威權主義的風格。可是李光耀沒有馬哈迪的卑鄙、偏見和狹隘。他具有更敏銳的策略遠見，而且和馬哈迪不同，能觀照到穆斯林以外的世界。馬哈迪比起其他大多數穆斯林領袖高出一等，我認為，李光耀比起二十世紀其他大多數全球領袖都高人一等。

在他回憶錄第一卷的開頭，李光耀評估一九五〇年代新加坡的情勢。當時他結合通曉英語的菁英和廣大的工人階級，成立人民行動黨（People's Action Party）。新加坡位於亞洲大陸極具戰略價值的最南端，是個深水港、扼麻六甲海峽要塞，是印度洋和太平洋（南海）交會之處。雖然位於「大英帝國在東南亞的心臟地帶」，當帝國式微、解體之際，李光耀深怕新加坡會變成「沒有軀體的心臟」。他解釋說，英國的國防支出占新加坡GDP的百分之二十，為新加坡勞動力創造了百分之十的就業機會。因此，大英帝國的終結將代表新加坡一八一九年開埠以來最大的內部危機。當年新加坡兩百萬人口有百分之七十五華人，周圍環伺著它的是一億人的馬來及印尼穆斯林。這位高瞻遠矚的年輕政客自問：「我們在這樣敵意深重的環境要如何生存下去？」[6]

甚且，新加坡華人本身也是因為彼此宗族與方言不同，而各自為政的封建群體，唯一例外是一小群通曉英語的人（李光耀家族屬於這一群人）。在華人社群裡，最強大的政治勢力是本地共產黨，他們存在的理由是華人對其白人上司「潛藏的怨恨」，這種心理導致共產黨挑撥反抗英國人的策略。另外，新加坡本身也有印度人和馬來人居於少數族群的問題。（新加坡之名Singapore，即馬來文的*Singapura*，意思是「獅子之城」。）歐文．哈里斯解釋說，馬來文化「重階級、很恭順，還有自然而然的裙帶主義，這成了貪汙腐敗的溫床」。此外，在緊鄰新加坡和馬來半島的印尼，蘇卡諾（Sukarno）是第三世界最反西方的領袖，透過操縱華沙公約組織之外最大的共產黨而為所欲為。對於即將更名李光耀的哈利．李來說，前景實在很難樂觀。[7]要在政治上生存、推動現代政體的唯一道路，是必須迂迴前進，並小心處理敵對勢力，尤其需要謹慎對付共產黨。

在早期，也就是中國還沒鬧大躍進和文化大革命之前，毛澤東的紅色中國是很值得新加坡華人驕傲的祖國。他們也厭惡英國占領者所代表的西方殖民主義。李光耀很痛苦地理解，相同的占領者提供新加坡人工作機會。失業是新加坡陳年痼疾，它激生工會主義，而工會主義又激發共產主義。李光耀曉得，正是因為共產黨在新加坡和馬來亞作亂，英國人才兩害相權取其輕，把權力移交給他的新加坡人民行動黨，以及以東姑・阿都・拉曼（Tunku Abdul Rahman）為代表的馬來半島溫和、傳統勢力。

李光耀以典型馬基維利式的風格寫下：「在戰前的印度，並沒有共產黨的威脅，消極抵抗的憲政方法都還得花幾十年工夫才奏效。」的確，中國和印尼相繼受到共產黨及系出同源的精神統治，既已無力支撐帝國的英國人，急著要把政權移交給新加坡和馬來亞親西方的本地統治者，以便維持南海及至為重要的麻六甲海峽海運之暢通。這表示英國必須強化李光耀和東姑的政治地位，因為在後二次世界大戰的初期，至少在新加坡，民主制度很可能使得親共政府上台掌權。在冷戰的歷史中，李光耀有能力、有意願與本地共產黨人「不停地折衝」，「在媒體上和他們唇槍舌劍，面對他們罷工挑釁又能節制有度」，同時又能借用他們掃街、組織工作大隊的群眾動員技術，可謂老天給了西方一個良機。[8]

當共產黨在鄰近的馬來亞和越南發動兇猛作戰，李光耀的活力和生命力改變了冷戰此一交戰最熾烈戰場的命運。李光耀以將近四旬之齡出任總理，在鞏固權力、對抗共產黨，還要與馬來亞及印尼周旋之餘，還逼自己學習新語言——福建話。

李光耀很早就決定，他最重要的戰略行動是以「與馬來亞合併，以保證獨立」作為其政黨的目標。馬來亞有豐富的錫礦和橡膠，提供新加坡經濟基地及共同市場的前景，可支撐新加坡的工業化及降低它的失業率。甚且，新加坡和馬來亞過去都受英國殖民統治，需要它作為保護，對抗蘇卡諾主政下的印尼。馬來亞本身也需要控制新加坡，以便勒緊這個城市國家中的共產主義，同時它也迫切渴望併入此一萌芽的出口引擎。馬來亞領導人東姑・阿都・拉曼的問題在於，把新加坡納入馬來亞會動搖到種族平衡，卻有利於華人：為了解決這個問題，位於婆羅洲、馬來人占極大多數的沙巴和砂勞越，在英國人默許下併入聯邦，因而在一九六三年締造了馬來西亞。[9]

馬來西亞聯邦的創立卻招來印尼和菲律賓的威脅，兩者都覬覦位於婆羅洲北部及西北部的沙巴和砂勞越，兩者都認為英國人無權把它們讓渡給新成立的馬來西亞。蘇卡諾的印尼特別危險。蘇卡諾本身的經濟岌岌可危，卻警告英國和美國退出東南亞和南海地區，讓給紅色中國、北越和中立的柬埔寨三國軸心。蘇卡諾提出此一民粹、左傾、強調人親土親的訴求，對印尼以及馬來西亞的馬來人有強大的號召力，也因此構成另一個威脅。為了與蘇卡諾競爭，東姑必須採取同樣的策略，在新聯邦內極力提升馬來人的權利及特權，這一來卻觸怒華人和印度人（前者集中在新加坡）。與新加坡的聯邦開始動搖。

蘇卡諾在一九六七年被親西方的蘇哈托（Suharto）推翻。蘇哈托給印尼帶來秩序和穩定，開化及教育其人民，把印尼提升為新興的老虎經濟體；在這個過程中，他自己家族上下其手、大肆貪瀆。一九六〇年代中期，新馬來西亞聯邦中的馬來人與以新加坡為基地的華人，關係日益惡劣、無法舒緩。李光耀與愈來愈傾向民粹主義的馬來人領袖東姑・阿都・拉曼進行緊張的談判，以便維持華人在聯邦的權利。李光耀甚至還必須與新加坡內部的華人沙文主義團體和親共分子進行政治鬥爭。李光耀顯然比他在回憶錄中透露的更加具有野心。他力主與馬來亞結為聯邦，其實還有更深刻、秘而不宣的原因：他希望有朝一日能統治馬來西亞。以他的聰明才智和能力而言，新加坡這個池子太小了。

總而言之，李光耀是個目光遠大的人。在激進的一九六〇年代，西方青年懷抱世界和平的理念，把任何形式的集中權力都貶為邪惡不正之時，李光耀看到「半消化的社會主義及財富重分配理論」，若是在第三世界加上「無能的政府」，必定在亞、非及拉丁美洲產生「可怕的結果」。李光耀遠比柴契爾夫人或雷根總統更早就是柴契爾主義者或雷根主義者，在東南亞——他那個時代最重要的意識型態及戰略戰場——擋住共產主義。[10]

但是，在東南亞內部，李光耀根本拿新的馬來西亞沒轍。他明白，東姑本身所處族群內部的壓力，將迫使東姑在新加坡自治的問題上，只能在教育和勞工等事務上讓步。可是，這滿足不了李光耀本身的選民。接下來，新加坡在一九六四年爆發馬來人和華人之間的種族暴亂，造成數十人死亡、數百人受傷。暴亂有一部分原因出在來自吉隆坡的激進宣傳煽動。暴亂之後，吉隆坡一名馬來人國會議員，即日後的首相馬哈迪，痛批李光耀的人民行動黨「親中、傾共、積極地反馬來人」。馬哈迪指控新加坡維持多語文，沒有以馬來文為其語文；他聲稱應該以馬來文為官方語文。在馬哈迪看來，李光耀代表「褊狹、自私、傲慢」型的華人，他們忍受不了接受被華人欺壓許久的馬來人倒過來統治他們。[11]

最後，比較溫和的東姑告訴李光耀：「你走你的陽關道，我過我的獨木橋吧！只要你以任何方式和我們牽扯在一起，我們就很難做朋友，因為我們會介入你們的事，你們也會牽扯到我們的事。明天，當你們不再於馬來西亞之內……我們還可以再做朋友，我們將會彼此需要，我們將會合作。」[12]

後來也果真如此發展。

李光耀在他回憶錄的第一卷，從一九六五年的角度下結語：「我辜負了馬來亞、沙巴和砂勞越的許多人……接受分裂，我辜負了他們。這一罪惡感令我傷心欲絕。」[13]

前途十分黯淡。

鐵腕治國

「我們必須活下去。要說服投資人把錢投入新加坡的工廠及其他行業。我們必須學習如何生存，沒有英國軍事保護傘，也沒有內陸腹地。」[14]

李光耀的第二卷回憶錄以此為開端。它甚至比起第一卷，更加接近馬基維利的《君王論》（*The Prince*）的精神。[15]「軟弱的人只會投票給承諾軟弱方案的人。」由於沒有軟弱方案，李光耀決定結合海外華人和少數族群馬來人及印度人，打造一個強勁的海島民族。唯有堅強的人才能建設他所構思的有競爭力的工業、商業及交通中心。他要打造公平的社會，他不要「福利」社會。[16]

和以色列人一樣，李光耀決定採取「跳蛙」政策：面對原本不懷好意的馬來西亞和印尼，更不用說還有中國和北越共產政權的虎視眈眈，李光耀的新加坡將熱情地歡迎跨國企業，與美國、歐洲及日本串連——在激進的一九六〇年代末期，「依附理論學派」的經濟學者把歐、美、日貶為西方殖民主義的化身。他願意給予跨國企業長年的免稅優惠，控制工會、不准鬧事，要讓新加坡人在新工廠中學習西方的科技技能。甚至，他要建立安全、治安、基礎建設、服務業，甚至美學標準——例如，公路兩側有修剪整齊的灌木——以吸引西方工程師、創業家等專業人士，把新加坡作為他們在亞洲開創天下的「大本營」。這裡絕不會有第三世界的貪瀆問題。李光耀承諾簡化程序，建立清晰、精確的商業方針，並且將生活水準超過所得作為法院起訴收賄罪的佐證。英文將是官方語文，降低講不同語言的各種族群之間的緊張，也可吸引西方銀行和公司進駐。到了一九七〇年代，美國受到石油危機衝擊，媒體也倦於報導一九六〇年代青年運動的反叛精神，新聞雜誌已經開始出現有關新加坡進步的種種正面消息。「新加坡公司」（*Singapore, Inc.*）正在開花結果。二十一世紀的亞洲一切以商業至上，其實自一九七〇年代的新加坡就已開始。[17]

李光耀遠比馬哈迪更瘋狂、更吹毛求疵。他要求設施要維護好，嚴禁吐痰、嚼口香糖，也不准香菸廣告。他譴責美國人太落後而不敢批評抽菸，因為製菸業長久以來即是強大的遊說團體。外國記者嘲笑新加坡是「奶媽國家」。李光耀反唇相譏，指說記者嘲笑他的規定是因為新加坡沒有什麼重大醜聞、貪瀆案件或嚴重違失能讓他們做文章。李光耀批評西方媒體對權威「嘲諷」，他又指出印度、菲律賓和泰國新聞傳媒可以恣意報導，卻也沒有在這些地方根除猖獗的貪汙，可是在新加坡，雖然控管了媒體，卻罕見貪瀆，且政府英明可靠。

李光耀如果不好鬥，那就不是李光耀。他為鞭刑辯護，認為它比長期坐牢更能有效嚇阻犯罪。他引用日本占領時期的嚴刑峻罰為證，當時人們雖陷於半飢餓狀態，卻盜竊不興。李光耀對少數族群馬來人也不假辭色，正面抨擊他們在數理科學課程方面分數太低，與馬來社群領袖和媒體合作，鼓勵學生要更加用功學習。[18]

新加坡與馬來西亞的關係終於大有改善，李光耀把它歸功於馬哈迪在國內果斷地壓制草根的政治歧視。李光耀一向務實，原諒馬哈迪早年的反華種族歧視。事實上，李光耀的外交政策讓任何愛好自由的國家無法訾議。一九七二年，印尼悄悄找上門，主張印尼、新加坡和馬來西亞這幾個沿海國家應該控制麻六甲海峽，李光耀認為數百年來它一直是國際航道，而這個事實是新加坡生存的根基，推而言之，也是世界體系之所繫。柴契爾夫人讚譽李光耀能看穿花言巧語的宣傳辭令，以及時代的傳統思維。他寫說，正是因為「美國人堅決反共，隨時準備好對抗共產政權，尼赫魯、納瑟和蘇卡諾才有辦法不結盟……這個奢侈品是由美國人來埋單的。」[19]他對美國國內對越戰的一般共識也嚴詞反駁：

雖然美國在越南的干預失敗，它替東南亞其他國家買到時間。一九六五年，美軍大舉進入南越時，泰國、馬來西亞和菲律賓內部都面臨共產黨武裝叛變的威脅，而在新加坡，共產黨地下活動甚為猖獗。〔左傾的〕印尼處於共產黨政變失敗的陣痛……對馬來西亞和新加坡展開不宣之戰……生活水準很低，經濟成長遲緩。美國的行動使得東南亞非共國家能整頓內部。到了一九七五年，他們已經可以站穩腳步、面對共產黨……繁榮的東協新興市場經濟是在越戰期間孕育的。[20]

澳大利亞戰略家休伊．懷特曾經寫說：「今天東南亞會有許多人同意」這個見解。[21]有些人或許很難接受李光耀的意見，但其實他的意見並沒有馬哈迪過去數十年的某些發言更難消受。南海區域的現實與中東大不相同：在這裡，的確有開明專制的存在，它不僅建立公民社會，也建立經濟引擎，因此為興旺的民主做好了準備。

好獨裁者

如果我們重新檢視幾位現代西方具代表性的自由主義思想家的論述，自由派人士對於李光耀和馬哈迪的作風或許就不會見怪。他們的論述雖然沒有完全為李光耀和馬哈迪的威權主義開脫，他們的確有助於我們理解李光耀和馬哈迪的政府如何帶來進步、穩定，以及，是的，豐沛的軍事預。

英國哲學家約翰・斯圖亞特・彌爾在一八五九年發表的大作《論自由》（*On Liberty*）提出一句名言：「針對文明社會任一成員，唯一可以在違背其意志之下對他合法施加權力之理由，是防止傷害他人。」[22]彌爾對暴政絕不打折扣的貶斥導致他寫下我心目中文學史上最令人動容的一段話，其中他稱頌奧里略（Marcus Aurelius）的美德，但也記下這位羅馬皇帝的最大缺陷。彌爾寫下：

如果那位有權者有理由自認是同輩中最優秀、最開明，恐非奧里略皇帝莫屬。身為整個文明世界的絕對君主，他一生保存著不僅最純淨無瑕的公義，而且還有從他斯多噶派出身、我們預期不到的最溫柔的心。他少許的缺點就是在寫作時沉溺於古代思想中最高的道德，那與耶穌基督的信仰近乎不分軒輊。[23]

可是彌爾嘆息說，這位「心如明鏡的智者」，這位以西元二世紀的標準來說堪為人道主義表率的智者，卻迫害基督徒。就當時的國家和社會而言，可悲的是奧理略認為要維繫國家與社會免於沉淪，就得接受既有的神學思想，而那卻是基督信徒所想推翻的。他無法看到新的、更好的信仰能整合的世界。彌爾寫說：「基督徒無不篤信無神論是錯的、會瓦解社會，可是奧理略對基督教也堅持相同的看法。」[24]

如果像奧理略這樣的聖明君主也會犯下如此重大錯誤，顯然，沒有任何一個獨裁者，不論他是多麼仁慈，能被信任。推而論之，為既有秩序迫害思想或理想，就絕對沒有道理。如果我們無法肯定知道權力是否走在正路，即使明知一定要避免無政府狀態，唯一的方法就是選舉及定期更換永遠不完美的領導人。

但是，彌爾是個心思縝密的思想家，不會如此單純。彌爾雖然以提倡自由主義聞名，他十分清楚民主政治的缺陷。（他最擔心的一點是以眾凌寡的多數專政政體。）因此，這裡就有一個竅門。彌爾在文章中承認：「在人類有能力藉由自由、平等的討論而自我改善之前，自由，作為一個原則，無法適用在任何事務上面。在此之前，若是有幸能碰到一個阿克巴（Akbar）或查里曼（Charlemagne）＊的話，唯一能做的就是……絕對服從。」[25]彌爾曉得，必須先建立權威，才能談如何限制權威。他在一八六一年出版的《論代議政治》（*Considerations on Representative Government*）中寫說：「秩序」是「進步」的先決條件。他又進一步解釋說：「秩序即是藉由停止私人暴力以保持和平。」[26]

若無權威，不論它有多麼獨裁，就會出現恐怖的真空，我們從二〇〇六年和二〇〇七年伊拉克的亂象就明白。而李光耀和馬哈迪在他們的國家中，並沒有使出接近海珊的高壓手段就成功建立了秩序。把這個伊拉克強人拿來和馬來西亞、新加坡強人相提並論，根本就是褻瀆。

事實上，二十世紀沒有人比得上以撒·柏林（Isaiah Berlin）更擁護個人自由。他自己在《自由四論》（*Four Essays on Liberty*）的序言中寫下：「活在吃不飽、穿不暖、上無片瓦庇護，又乏安全環境下的人，不能期望他們去關心合約的自由或新聞的自由。」[27]柏林在〈自由的兩個概念〉（Two Concepts of Liberty）中又說：「首先，有種情況……利益可比莎士比亞的作品來得重要；個體自由並非每個人的首要需求。」讓情勢更加複雜的是，柏林指出：「個體自由和民主統治之間未必有關聯。」或許會有暴君「讓臣民有極大的自由」，但「不關心秩序、美德或知識」。[28]彌爾也澄清說，在某些情況下，「文明的政府……將需要有相當程度的專制」。人民「可能沒準備好接受良好的體制；但是為他們點燃希望是必要的準備」。[29]李光耀和馬哈迪就是這麼做。

沒錯，天底下民選領袖有好也有壞，專制者也有好有壞。南海地區顯然是有些好的專制者。當李光耀於一九九〇年卸下總理職務，交棒給黨內他擇定的接班人之時，他已經七度蟬聯，成為全世界在職最久的總理。他所培養的民主是有限的民主，具有強烈的威權主義色彩。但是它有效地讓人民準備好接受更美好的事物。

＊ 譯注：阿克巴（一五五六至一六〇五年）是印度蒙兀兒帝國第三任統治者，公認是蒙兀兒帝國真正的奠基者，他在位期間一視同仁平等對待所有的宗教。查理曼是法蘭克王國加洛林王朝國王（七六八至八一四年），在西元八〇〇年經教皇利奧三世（**Pope Leo III**）封為皇帝，是西羅馬帝國三個世紀前滅亡後第一個有皇帝封號的歐洲君主，一生擴大版圖過程中亦傳布基督教。

彌爾留下的難題

在所謂的阿拉伯之春初期，中東地區很明顯的一個事實是，它缺乏在其他亞洲世界常見的精微細緻與鮮明矛盾。中東社會早已超越食物與安全的基本需求，進步到可以思考個人自由的時刻。畢竟，過去五十年，從西北非到波斯灣的阿拉伯人，經歷了劃時代的社會、經濟、科技和人口的大改造。唯有政治一直停滯不前。固然有開明專制者，當時最典型的模式仍是僵化、無能的講究國家安全的政體，不但腐敗還帶著傳統王室思想——即尋求以子嗣世襲以永保政權。他們的子弟不是在軍中或其他官僚中歷練而崛起，因此欠缺正當性。奧理略是一回事，突尼西亞的賓・阿里（Zine el- Abidine Ben Ali）、埃及的穆巴拉克（Hosni Mubarak）和敘利亞的阿塞德（Bashar al-Assad）又完全是另一回事。當然，阿拉伯之春證明了許多事情：阿拉伯和穆斯林文明與別的文明相比，並不「另類」，阿拉伯人渴望普世價值，和其他文明的成員無異——我在吉隆坡購物中心裡，已經從馬來西亞穆斯林身上看到。但是要就政治秩序及民主的演進這些艱難的問題而論，阿拉伯之春仍在早期階段，前途渺茫難測。沒有好的專制者被推翻。被推翻的政府在道德及哲學層面上並沒有值得稱述的地方，即使事情發生得很突然、它們一夕之間就垮台，反而還讓人忖想，它們怎麼能夠撐這麼久？

可是，彌爾和柏林所熱切關注的議題，仍必須要面對。他們兩人都曉得這些議題不簡單：雖然他們倆都贊成代議政府，他們的明察秋毫卻反對西方某些自以為是的評論的觀點，這些人主張不問青紅皂白，現在就該推翻所有的專制者。在阿拉伯世界，尤其是亞洲某些地方，仍然有些專制者事實上可列入奧理略同一層次的人物。要在什麼時間點動手推翻這些人才是正確、務實的呢？柏林已經暗示，在終結他們的統治之後，個人自由與福祉並不必然一定會獲得提升。我們一定要很小心。少了殘酷、大規模的侵犯人權，非民主政權的軟著陸一向比硬著陸更可喜，即使這個過程要花相當時間。當然可以提出道德的爭辯：利比亞的格達費和北韓的金正日等惡棍，應該不計短期混亂的風險，盡速、盡可能把他們推翻。

但是一碰上不是那麼窮兇極惡的獨裁者時，這項主張立刻失去吸引力。即使當他們是十足的混蛋，例如伊拉克的海珊，剷除他們的道德論據仍然充滿困難，因為獨裁者愈兇惡，他留下的混亂就愈大。這是因為惡質的獨裁者消滅了上層政權與下層家族或部落之間的中間體制——專業公會、社群組織、政治團體等等公民社會的重要組成。賢明的獨裁者在提升經濟成長之餘，會讓社會更繁複，培養更多的公民社會團體，以及產生根據經濟利益而來的政治劃分，至少這會比根據部落、宗族或族群而劃分來得好。好的專制者可以界定為：能夠讓自己的下台不會引發混亂，能夠讓人民準備好接受代議政府。李光耀和馬哈迪的確完成了這些功業。彌爾在《論代議政治》中苦口婆心勸諭，「文明的第一課是服從」。而若無「高明的行政管理」，自由將「完全瓦解」，這正是李光耀在他早年生活學到的珍貴教訓。[30]

固然彌爾思想的一個合理結論是否定暴君的道德權利，但他允許在社會發展的原始層次，有需要向阿克巴或查理曼服從，這卻為我們留下一個難題：究竟何時、何地才是讓一個社會拋棄其專制者的恰當過渡點？在開明有若十六世紀下半葉的蒙兀兒帝國阿克巴大帝統治之下生活，和唯有在為了防止別人直接、立即受傷害時自己的自由意志才必須受到約束的政體中生活，兩者之間的差異有若雲泥：大到彌爾的主張仍停留在理論階段，可能永遠不會實現，因為連民主政府為了不同的理由都必須強迫公民的服從。縱使如此，可以肯定的是，政治人物能把社會帶向更先進的發展階段不僅是好的統治者，或許甚至是必要的歷史角色——可以說除了受到地理和經濟巨大力量的影響之外，歷史也將由個人的自由意志所決定。我要說，好的專制者這個詞並不矛盾，他站在我們今天面臨、將來也要繼續面臨的政治問題之中心。南中國海就是一個證明。

在民主與寡頭之間

事實上，世界上有好幾位賢明的專制者。譬如，中東的王室在過去幾十年幾百年找到建立他們本身的正當性的基礎，允許摩洛哥國王穆罕默德六世（King Mohammed VI）、約旦國王阿布都拉二世（King Abdullah II）和阿曼蘇丹卡布士（Qaboos bin Said al- Said）等領袖賜予其臣民個人自由，而不虞被推翻。這些地方不僅享有相對的自由，它們也不必要有極端派的政治和意識型態。因為唯有在如敘利亞和利比亞等現代化的專制政體，它們就歷史或地理意義來講都是人為打造的，因此其統治者先天就欠缺正當性，才必須靠暴力來維繫政權。

沒錯，埃及的穆巴拉克和突尼西亞的賓·阿里治下的警察國家，並沒有利比亞的格達費和敘利亞的阿塞德來得那麼恐怖，他們的經濟政策也相當開明。固然穆巴拉克和賓·阿里留給他們的國家適合穩定的民主興起的條件，他們的統治卻沒有值得稱頌之處。埃及和突尼西亞自從上古以來即具備某種國家的形式，由於這個歷史因素，他們的國家穩定也不欠缺制度。近年來穆巴拉克和賓·阿里推動的經濟自由化其實草率而粗略，未經深思熟慮。甚且，他們依據誰和統治階層有個人交情而建立了一套貪腐制度。而且，穆巴拉克不僅沒把社會往前帶向民主，甚至還大開歷史倒車，冊立自己的兒子。穆巴拉克和賓．阿里其實無啥長才，只是受到情治機關的惡棍支持。他們不像馬哈迪和李光耀，一點都不是彌爾和柏林心目中的一號人物。事實上，中東推翻這些老朽政權之後真正的故事是，在摩洛哥、阿曼等地方有可能出現真正的立憲君主制度。中東從這裡起可以變得很像南海區域。

摩洛哥和阿曼這兩個阿拉伯世界的國家一西一東，都躲不開示威的風潮。但是兩國的示威群眾都明白主張，要在皇室體系內追求改革和民主，並且也支持領導人。穆罕默德國王和卡布士蘇丹都努力回應人民的要求、改革他們的制度，而非只是開除他們的內閣。的確，多年來他們延續李光耀和馬哈迪的作法，也擁護女權、重視環保、大規模興建學校，也有其他進步項目。卡布士尤其是個多才多藝的人，會彈琵琶、喜愛西方古典音樂，而且至少直到二〇一〇年慶祝登基四十週年之前，都盡力迴避個人崇拜。

但是，這樣的統治者在中東極為罕見。的確，亞洲可說是開明專制的故鄉。或許是由於近來的頭條新聞使然，一談到民主是否、如何能夠成功地實現，大家都聚焦在中東。但是，縱使如此，答案恐怕最後還是要來自亞洲。中國、新加坡、馬來西亞和越南等國家的開明專制者，已經打造了經濟奇蹟，而經濟奇蹟促成廣泛的個人自由，即使這些領導人在極大規模上無視人民的意志。亞里斯多德雖然稱民主政治是最「溫和的」政體，人人應該努力爭取它，他也談到寡頭政治和民主政治之間有一種「中途」政體。[31]李光耀和馬哈迪可能就是依據亞里斯多德的精神治國，他們以混合政體替人民做好通往民主政治的準備。

亞洲專制者用來挑戰及支持彌爾及柏林這類人士的意識型態，大致都可以歸納在儒家思想這個旗幟下。儒家思想與其說是政治理論，毋寧說是一種感性（sensibility）。即使馬哈迪表面上十分強調伊斯蘭，其實也吸收了某些儒家思想的要素。儒家思想強調傳統權威，尤其是家庭的權威，以它為政治安寧的必要條件。大我的利益重於小我的利益。道德與個人對其家族的社會責任是無法分開的。西方人，尤其是美國人，性喜懷疑權力及中央權威；可是亞洲人卻傾向於擔心秩序的瓦解。因此，亞洲要比中東的專制者更放任西方的自由觀念去追逐財富。即使混亂的民主也勝過格達費和阿塞德的統治，這件事實證明不了什麼。但是，混亂的中東民主會比中國、新加坡、馬來西亞和越南的專制者在過去三十年年年締造百分之十的GDP成長率好嗎？這個辯論可就有意思了。

的確，誠如我在本章一開頭就提到，或許在國際政治領域最讓人感到良心不安的一件事是，鄧小平因為在相當短促的一段時間內大幅提升數億中國人的生活水準——而它進而導致全中國個人自由（雖不是政治自由）前所未有大爆炸——成為二十世紀偉人之一，可是他卻是天安門廣場暴行的幕後決策者。鄧小平在北京的接班人，壓制政治權利不遜前人，可又接納他的大戰略，到全世界各地去找天然資源，不管是否和暴君打交道、做生意，只為了要改善中國人民的生活水準。這些中國專制者有許多人是工程師和技術官僚出身，以一種大學團體的方式治國：這和沙烏地阿拉伯國王和埃及被推翻的領導人完全不同。後者全是暮氣沉沉的八旬老人，根本沒有創造現代中產階級社會的能力。

李光耀特別堅持一種西方開明人士視為異端邪說的可能性，認為民主或許不是人類政治發展的最終模式。他在新加坡打造的是一種混合政體：它是資本主義的，且即使不同派系之間要互相諮商，但是又全在威權主義的環境下進行。固然定期舉行選舉，但幾十年來，結果都毫無懸念。一直到最近，新加坡人才在投票中表達了對執政黨人民行動黨的不滿意。

當然，新加坡是個城市國家，沒有腹地。而腹地的各地區會有各式各樣的變化，中央政府必須一一處理。以中國來講，其腹地規模之大，不遜於地球上的一個洲。處理地方事務的時候，政府必須因地制宜，給予偏遠邊民更多權利；或者是在受到抗拒時，適時變得更加威權主義。李光耀從來不必面對這個挑戰。因此新加坡將一直是個特殊狀況。在亞洲其他國家，政治上的儒家哲學會更加混亂。

我們在這裡陷入一個兩難局面。是的，這些人民和他們的政府之間存在著某種社會契約：為了享受可觀的經濟成長率成果，人民同意放棄更換其領導人的念頭。但是，就算成長率持續不變弱，這個社會契約也會減弱，更不用說經濟成長會崩解，或像近來這般減緩。當人們晉身為中產階級時，他們接觸到全球文化和趨勢，促成他們盼望在個人自由之外也能享有政治自由。這也是為什麼威權資本主義可能只是發展過程中的一個階段，並不是可以替代西方民主的選項。由於新加坡是特殊狀況，我們必須等候中國GDP減慢許多年，或者是等到足夠多的中國人更普遍地接觸到全球文化，唯有到那時候，我們才能下結論說，民主政治是否代表理性在政治上的最終勝利。

彌爾寫說：「進步包含秩序，但秩序並不包括進步。」[32]中東專制君主往往只提供秩序，亞洲的專制者也帶來進步。二十世紀中葉芝加哥大學政治哲學家李奧．史特勞斯（Leo Strauss）在分析色諾芬（Xenophon）的《英雄或暴君》（*Hiero or Tyrannicus*）時寫下，暴君曉得所有的人都是他的敵人，暴君沒有真正的榮譽，並且暴君因為害怕遭到懲罰，不敢退位。[33]這個描述可以符合中東的專制者，卻不適用在李光耀和馬哈迪身上。老百姓並沒有敵視他們，他們下台後也沒有發生不測。但是，彌爾也指出，即使最好的專制政府，只有在它們是臨時性質，才是好的。因此，南海各國的政治未來將替它們世代的開明專制者寫下最後的歷史評價。如果新加坡和馬來西亞真正進化到穩定的民主，長久在位的執政黨放心地把權力讓渡給民主的在野黨，那就代表馬哈迪和李光耀最終的勝利。

第六章

菲律賓：美國的殖民包袱

菲律賓不像個國家，倒是很像是從呂宋統治的一個搖搖欲墜的帝國。

儘管它是個群島國家，菲律賓陸軍兵員是海軍的三倍，

這個事實就告訴我們，菲律賓的內部是多麼的不安全。

因此，由於地理的因素，菲律賓現在別無選擇，只能尋求美國保護對抗中國。

失敗國家

每次想到菲律賓，我眼睛就轉向法國畫家亨利．馬蒂士（Henri Matisse）一九一一年遊歷西班牙兩個月、歸國後所畫的《馬尼拉圍巾》（*The Manila Shawl*）。馬蒂士在塞維爾（Seville）買了這條圍巾，把它兜在佛拉明戈舞者模特兒的身上。這種刺繡的絲圍巾是由西班牙大船從菲律賓橫渡太平洋、帶到新西班牙（即墨西哥）、再轉運回西班牙，在當地廣受歡迎的寶物。炫耀、俗麗，鮮艷的紅、橙、綠色印出花彩設計，馬蒂士的《圍巾》使我連想到菲律賓群島熱帶的富麗和感性，以及他們從一五五六年起被西班牙經由墨西哥占領了將近三個半世紀的歷史。

菲律賓人不僅承受數百年的西班牙殖民主義，它沉重的前宗教改革之羅馬天主教文化，使之比起第一島鏈上受到英國人、荷蘭人和日本人統治的地區，更欠缺活力。此外，菲律賓人另外還要承受墨西哥殖民者印記的另一重負荷，他們代表的是比西班牙更低水準的現代體制意識。

因此，遊客在遍歷東亞其他地方之後來到菲律賓，會感到相當震驚：我在十年之內四度到菲律賓訪問、每次逗留時間都不短，震驚之情卻一直消散不了。沒有馬來西亞、新加坡、台灣和中國沿海省分（更不用說日本和南韓）常見的二十一世紀建築物和整齊、明亮的林蔭大道；沒有越南隨處可見如蜜蜂般一樣忙碌的人們（法國的天主教殖民者在越南沒有超過一百年，卻留下教育和開發）；菲律賓首都馬尼拉的市容相形之下，從美學和實際功用上而論，慘不忍睹。

由於排水不良，破敗的道路積下大片的雨水，乞丐守在十字路口紅綠燈旁等著伸手乞討，夜總會霓虹燈招牌字體七零八落，擁擠的建築像醜陋的破箱子、彼此也不搭配，舊冷氣機零亂地從各個窗戶凸出來，電線亂糟糟纏著棕櫚樹。這是遊客一進城迎面而來的視覺現況。在霧氣和烏雲下，只可謂不堪入目。不論是塗上漫畫人物的吉普出租車或是顏色俗麗的歲月斑剝樓房，給人一種業餘者、隨便湊合的感覺，彷彿整個市容——除了西班牙舊城區和高檔的購物中心——是膠水黏貼出來的。越南也碰上經濟困難，但是它的城市有活力，馬尼拉雖然人潮洶湧，相形之下卻氣息奄奄、沒精打彩。野草叢生、樓房破舊。出了鬧區不是城郊住宅區，而是汙黑鐵皮屋頂的貧民窟和垃圾堆。

民間警衛員帶著警犬和衝鋒槍守著五星級飯店大門和速食餐廳。他們的肩章、標記令我想起墨西哥也有武裝警衛員。政府官署室內因為日光燈老舊也顯得無精打彩。當然馬尼拉有大型的現代中產階級的購物中心和連鎖餐廳。但是在此地住了幾天之後，你就會發現儘管觀光導覽吹噓，除了魚、豬肉和千篇一律的蒸飯，實在沒有什麼菲律賓特色料理。這是一個「借來的文化」，沒有越南和印尼等考古遺址，更不用說中國和印度光輝的文明遺產。當然，在這樣的文化下，會有鐵門把關的豪華社區，富人們住在裡面自給自足，逃離百廢待舉的大環境。

一九七〇年代誕生的亞洲活力，到處感受得到：中國和台灣的高速鐵路、越南和馬來西亞的大興土木瘋狂蓋樓，到新加坡的街道植栽修剪整齊。但是，二十一世紀頭十年過完，至少到目前為止，亞洲活力在菲律賓不見蹤影。

某位住在馬尼拉的西方經濟學家告訴我：「這裡仍然是不爭氣的拉丁美洲經濟體，不是亞洲經濟體。沒錯，菲律賓沒有受到二〇〇八年全球不景氣太大的影響，但那是因為它從來不曾整合進入全球經濟的緣故。」他又說，菲律賓是有穩定的經濟成長，最近的年增率超過百分之六，可是卻被人口年增率百分之一．七抵消掉；而太平洋盆地其他經濟體過去數十年一直有超過這個數值三分之一的經濟成長率，又沒有人口飽和成長。十分重要的是，近年來

GDP成長的百分之七十六．五落到菲律賓最富有的四十個家族手中。[1]這已經是老掉牙的故事：馬尼拉的菁英不顧眾生疾苦，只知發財致富。

亞洲的新興經濟體都有強勁的製造業根基，不斷地擴大出口，但是菲律賓的出口只占其經濟活動的百分之二十五，而亞洲其他國家一般都在百分之七十五左右。菲律賓的百分之二十五還以低價值的電子零組件、香蕉和椰子為大宗。這位經濟學家拿出一張紙，快速地提到各種統計數字：根據國際透明組織（Transparancy International）的調查，菲律賓在全球一百八十二個國家中排名一百二十九位，是最腐敗的亞洲主要經濟體，甚至比印尼還更糟。根據世界銀行的經商容易度指標（ease-of-doing-business indicator），菲律賓在一百八十三個國家中排名一百三十六位；在每一種名單、每一種類別當中，人口居世界第十二位的菲律賓在亞洲主要經濟體當中都敬陪末座。

的確，情況已在改善中。瑞士的世界經濟論壇最近把菲律賓移到全球競爭力排名表的前半部。[2]縱使如此，貪汙、限制外國人所有權，以及無休無止的公文，使菲律賓成為海洋亞洲對外國投資人最不友善的國家。或許除了緬甸、柬埔寨和印尼之外，亞洲沒有任何國家會有更弱、更散漫的體制。對任何來到菲律賓的遊客，最叫人難忘的第一印象是它那些可怕的統計數據。

全世界或許沒有任何其他大國在過去數十年裡，於政治、軍事和經濟上得到美國這麼大的投資。或許也沒有別的地方像菲律賓這樣，費了這麼大的勁卻徒勞無功。

美帝殖民地

美國在一八九八年五月一日黎明，開始進入菲律賓。海軍少將喬治・杜威（George Dewey）率領九艘船艦藉著夜色掩護，繞過巴丹半島（Bataan Peninsula）外的柯里幾多島（Corregidor Island）進入馬尼拉灣，摧毀了西班牙一支大艦隊。歷史上許多重大事件一樣，杜威獲勝既代表美國強大的政治、經濟勢力的極致，也是或許不會發生的一場意外，因為它根本不是因為發生在太平洋的事件所引爆，而是為了西班牙在加勒比海壓迫古巴，導致麥金萊（William McKinley）總統——受到海軍部助理部長狄奧多・羅斯福（Theodore Roosevelt）等擴張主義者所力諫——對西班牙帝國宣戰。

入侵菲律賓代表美國首次刻意要征服一大片海外土地，並且終於占領它。同樣的事情要到一個多世紀之後，才重演入侵伊拉克。雖然事件以杜威少將光榮戰勝開始，美國在國外的首次重大衝突卻在短短幾個月內淪為軍事夢魘，在國內造成的創傷也要到越戰才又出現。[3]

杜威進入馬尼拉灣告捷之後，美軍協助菲律賓叛軍接管西班牙經管的群島。但是就和日後在伊拉克和其他地方嘗到的滋味一樣，美國人誤判，以為因為地方人士歡迎趕走專制暴政，一旦暴政被推翻，他們自然會與美國親善。西班牙人戰敗之後，由年輕的塔加洛人（Tagalog）伊密里歐・阿奎納多（Emilio Aguinaldo）所領導的菲律賓新政府，和美國解放者之間的緊張上升，即使阿奎納多逐漸失去對內部派系分裂的部隊之控制。到了一八九九年二月，菲律賓的無政府狀況和美國一相情願的理想主義引爆美軍部隊與成群的本土游擊隊之間的全面戰爭。[4]

一九〇二年七月四日，狄奧多・羅斯福總統宣布菲律賓戰爭結束，美軍士兵共有四千二百三十四人捐軀，兩千八百一十八人負傷。[5]整體而言，死了二十萬人，主要是菲律賓百姓。[6]菲律賓南部穆斯林地區的戰鬥還要拖很多年。論者或許會說，一開頭根本就不需要打仗，這是麥金萊政府犯了政治失誤才會和菲律賓人開戰，是美國的理想主義和天真造成它走上破壞和殘暴之路。[7]

不論有多麼紊亂和暴戾，繼軍事勝利之後，美國統治菲律賓數十年之久，與歐洲殖民主義相比，新聞記者兼歷史學家史丹利・卡諾（Stanley Karnow）稱之為「開明的典範」。[8]在其他方面痛批美國政策的菲律賓歷史學家陳桑繆（Samuel Tan），也附和地形容美國的統治有如歷史引擎，把少許的現代性帶給菲律賓百姓。[9]

美國禁止美國人購買大塊土地。他們沒有採取類似鴉片專賣的計劃。他們把富有的教會擁有的土地分配給農民，並且興建公路、鐵路、港口、水庫和灌溉系統。美國花費大筆經費投資在公共衛生和教育，導致菲律賓人口在一九〇〇年至一九二〇年之間翻了一番，識字率在一個世代之內從百分之二十上升到五十。[10]

菲律賓反過來也影響二十世紀美國的命運，這是少許與美國距離遙遠的國家會有的影響力。俄亥俄州法官威廉・霍華德・塔虎脫（William Howard Taft）主持菲律賓委員會（the Philippine Commission），使他日後晉身為美國總統。陸軍上尉約翰・潘興（John Pershing，綽號「黑傑克」）因為率領部隊在菲律賓南部對付伊斯蘭叛軍，戰功彪炳，超越其他九百名軍官，被不次拔擢為准將，奉調率領美軍遠征墨西哥，追剿軍閥潘丘・維拉（Pancho Villa），更成為第一次世界大戰的美軍司令官。陸軍將領亞瑟・麥克阿瑟的兒子道格拉斯・麥克阿瑟（Douglas MacArthur）來到菲律賓、擔任旅長；第二次再到菲律賓時，出任菲律賓政府軍的軍事顧問。道格拉斯・麥克阿瑟在馬尼拉期間有位助理德懷特・艾森豪（Dwight D. Eisenhower），是個中年的中校，因為規劃、組建菲律賓國軍，練就一身本事，在第二次世界大戰時大放光彩。日軍在菲律賓戰勝道格拉斯・麥克阿瑟將軍的部隊，麥克阿瑟在撤退到澳大利亞之前堅守馬尼拉灣柯里幾多島，日軍強迫美、菲戰俘在鄰近的巴丹半島死亡行軍，以及麥克阿瑟在雷伊泰灣之役（Battle of Leyte Gulf）告捷、凱歸菲律賓，這一切都成了第二次世界大戰版的荷馬史詩傳奇的一部分，使美國軍民團結抗日，也使美國和菲律賓人民有共同的歷史傳承。[11]

這還沒有說到第二次世界大戰以來，美國決策者提供援助及顧問，深度介入、支持菲律賓政府，尤其是在一九八六年，美國扮演關鍵角色讓獨裁者馬可仕（Ferdinand Marcos）和平交出政權。從一九六〇年代至一九八〇年代，美國軍官和外交官不僅要忙著應付馬可仕的獨裁專制，直到今天還得拚命支持馬尼拉對付共產黨和伊斯蘭叛亂。

的確，任何人若是對美國現在是、或過去是帝國主義國家還有懷疑，應該到菲律賓瞧瞧。俯瞰馬尼拉灣的白色、華麗的美國大使館，盤據著最漂亮的鬧市地產，與英國和法國高級專員署和大使館在他們舊殖民地的情況一模一樣。美國人在菲律賓有山上的避暑別墅，與英國人在印度的避暑別墅無殊。菲律賓主要的軍官、商人和政客是西點畢業生，就有如前英國殖民地的領導人物大多是桑德赫斯特皇家軍事學院（Sandhurst）畢業生一樣。菲律賓的羅曼蒂克英雄不是菲律賓人，而是道格拉斯・麥克阿瑟。在菲律賓人心目中他把他們的國家從日本人的鐵蹄下拯救出來。[12]

試想一下伊拉克，從今起九十年，如果美國還要以外來大國身分全面捲入當地的問題，那伊拉克就成了第二個菲律賓。菲律賓在二十世紀極大多數時間裡，除了名義不是之外，乃是美國的殖民地。它的親美國防及外交政策長久以來被認為是天經地義。

就說這是菲律賓的命運吧！不論它最後是否被中國變成芬蘭化，這裡頭反映的大多是美國的政策作為，而不是比擬為伊拉克的命運，或是是否繼續受伊朗影響。不要誤會我的意思。菲律賓的確十分重要：它主宰南海的東緣，就和越南控制南海的西緣、中國控制南海的北緣，同樣關係重大。菲律賓人口將近一億，比越南還多。

可是，儘管一個世紀以來美國每年大量提供援助，菲律賓還是海洋亞洲最腐敗、積病難返、民不聊生的社會，有非洲式的貧民窟和拉丁美洲式的宿命論和階級對立。菲律賓被形容為「賭博的共和國」，「掌權的政客毫無良知」，只靠「金錢」與「犯罪」當家執政。13

一人喪邦

二十一世紀初的菲律賓依舊綱常不振，可說是拜馬可仕一人之賜，遺禍至今。他徹頭徹尾地與李光耀背道而馳，也與馬哈迪和蔣介石大相逕庭。其他這幾位政治領袖留下的是運作正常的國家，有清廉的體制，即將成熟、邁向功能良善的民主政治；馬可仕留下的卻是貪腐、裙帶主義和一片廢墟。馬可仕和菲律賓，一點都不像新加坡、台灣，也不像馬來西亞，完全沒有受惠於儒家價值。其他幾位政治領袖借鑑偉大政治哲學家的思想，展現出有節制的威權主義，也能產生政治美德。馬可仕代表的卻是極大多數的狀況：威權主義會帶來犯罪和政治墮落。其他三位領袖本身都不是庸碌之輩，他們早年生活艱苦，使他們特別瞭解本身社會有哪些亟需糾正的弊病。他們能看穿蔽障、洞燭現實。李光耀和馬哈迪又更勝過蔣介石。這是他們特殊的聰慧；可是馬可仕卻自欺欺人。李光耀和馬哈迪是講究效率的企業型經理人；蔣介石晚年在台灣亦勵精圖治。我們且聽聽堪稱二十世紀末期美國最偉大的記者、東南亞歷史學者史丹利・卡諾怎麼評價馬可仕：

> 孤立在他那密不通風的宮殿裡，馬可仕最後和現實完全脫節。他那貪瀆腐敗的政府到了一九八五年已經信譽蕩然，可是他仍然盲目相信自己絕無敵手，決定舉行選舉……注定覆亡……他寡廉鮮恥的胡作妄為和貪贓枉法，害得國家破產，這股反彈壓垮了他。為了模仿傳說中的高棉統治者，他們的石雕頭顱從吳哥窟古廟俯瞰眾生，馬可仕在呂宋中部一座山麓雕刻自己的半身像。他又規劃了一些貴族、戰士、農民、藝術家、殖民及民族的祖先簇立在側，彷彿這些人的集體靈魂匯集在他身上。[14]

馬可仕和他太太伊美黛（Imelda）當權二十多年，偷的不是幾億美元，而是幾十億百億美元。所謂文化天才是領導人能從某一文化最強烈的特質中淬鍊精華，以便將社會向上提升。李光耀以海外華人文化為圭臬；馬哈迪以馬來文化結合全球伊斯蘭的守紀律特質為依歸。但是馬可仕代表的是最糟糕的西班牙絕對主義、宿命論及前宗教改革之沉痾，因此他所作所為完全不以菲律賓生民為念，破壞了菲律賓或許也能成為亞洲小龍之一的機會。

可是，鑒於後馬可仕時代國家失去方向，今天的馬可仕在菲律賓並沒有普遍受到唾棄、仇視。菲律賓一位著名的律師告訴我：「馬可仕獨裁統治的初期，我們還做大夢。馬可仕的確有機會改變文化，當時是有可能。但是他的權力意識是爪哇式：他認為權力存在於他肉身。這不是馬基維利式的權力，後者認為德性不在魅力，而是要透過行為和艱鉅的抉擇去建立。」這位律師說，自從馬可仕以來，「我們的民主只把貪瀆民主化了，」「絕無」締造大部分東亞國家謹慎自律的社會規範的「儒家思想可言」，也沒有造福馬來西亞和印尼馬來人的「伊斯蘭紀律」可言。「我們是一種得過且過的文化：我們不想讓別人難堪，因此我們不搞懲罰，只會視若無睹。這就是我們的悲劇。」一群菲律賓記者也告訴我，由於缺乏紀律，他們懷疑自己的國家有能力維持堅強、團結對抗中國的戰線。

這種文化特性當然可以改變，也可以激烈改變。但是它需要保持良好的政策，而良好的政策又需要卓越的領導。

美軍介入的窗口

除了馬可仕，菲律賓最主要的困難在於其地理。西班牙探險家斐迪南・麥哲倫（Ferdinand Magellan）一五二一年抵達宿霧島之前，菲律賓群島從來不是一個完整一致的政治實體。越南的國家意識有上千年之久，在這方面，菲律賓與越南可真是南轅北轍。菲律賓群島大約可分為三個島群，在麥哲倫抵達之前，它們彼此幾乎沒有什麼共同點。北邊的呂宋主要居民是塔加洛人，其源起可追溯到東南亞。南邊的民答那峨和蘇祿群島由穆斯林莫洛人（Moros）居住，他們在文化、種族上與馬來西亞及印尼人民的共通性，還勝過與呂宋住民的共通性。這種情形已經導致伊斯蘭恐怖主義和叛變，也招致在美國直接支持下的剿叛作戰。北邊的呂宋和南邊的民答那峨，靠中間的維薩亞斯群島（Visayas）——宿霧是其中之一的大島——勉強串連起來。由於種族及宗教分歧、內部動盪，威脅到菲律賓兩萬兩千英里的海岸線，同時菲律賓也特別孱弱，很難抵擋像中國這樣一個大國滲透進它的海域。菲律賓不像個國家，倒是很像是從呂宋統治的一個搖搖欲墜的帝國。儘管它是個群島國家，菲律賓陸軍兵員是海軍的三倍，這個事實就告訴我們，菲律賓的內部是多麼的不安全。因此，由於地理的因素，菲律賓現在別無選擇，只能尋求美國保護對抗中國。[15]

菲律賓是在一九九二年關掉蘇比克灣美國海軍基地，同年又關掉同樣位於呂宋島的克拉克空軍基地。但那是發生在中國海軍勢力大盛之前的事情。兩年之後，中國占領菲律賓控制的南沙群島島礁，並且從一九九〇年代中期起，中國大肆擴張其海、空軍力量，也在南海展現更積極的姿勢。中國對馬尼拉愈來愈具有地緣政治影響力，也受惠於中國是菲律賓第三大貿易夥伴這一事實。華僑在菲律賓也十分富有，勢力極大。

事實上，面對中國軍事崛起，菲律賓民族主義的尖銳，正好等於是反映它地理上的脆弱。海洋是菲律賓一切經濟的命脈，從漁業到能源開採，無不依賴大海。菲律賓經由海路進口所有的石油，它所有的天然氣也全由馬尼拉灣附近一座外海油氣供應。因此，一旦因為海上均勢變化，可能失去通往南沙群島、黃岩島等南海地區之碳氫化合物新蘊藏的管道，以及通往現有漁場的管道，構成馬尼拉的國家安全惡夢。[16]

我去訪問時，這個瀕臨失敗的國家在中國虎視眈眈之下，顯得弱不禁風，華府正好利用這股情勢，以便以不同方式振興美國自一八九九年以來、直至冷戰結束這將近一百年在南海東緣的戰略平台。

中菲初次交鋒

我最近一次訪問菲律賓是在二〇一二年夏天，當時南海風雲緊張，屢屢搶上世界新聞版面，唯有敘利亞內戰和歐債危機的新聞才能壓過它。菲律賓和中國船艦二〇一二年春天在呂宋西方一百二十英里的黃岩島開始對峙，中國在對付菲律賓這個不堪一擊的對手時，展現了「殺雞焉用牛刀」的自信。[17]北京沒派真正的軍艦，幾個星期內只派二十多艘輕型、未武裝的海監船（相當於美國的海岸巡邏船）到現場。中國藉此展現它認為海權是全面性的，有許多方案可資運用，因為即使商船和漁船也可以布雷和監視外國軍艦。美國海軍戰爭學院教授詹姆斯．賀姆斯（James Holmes）和吉原俊井（Toshi Yoshihara）即說，事實上中國像切香腸般層出不窮地不斷推出最先進的海監快艇，並且它不歸軍方調度的海監機關也正接收除役的海軍軍艦。使用比較柔性的船隻有助於強化北京的立場，告訴大家它只是巡守中國業已擁有的海域，而不是與其他國家海軍角力、或主張對新水域具有主權。沒有人應該懷疑北京是否有能力迅速在鄰近地區部署它的海上力量。和中國的非軍方船隻對峙的，是菲律賓海軍的驕傲——美國海岸防衛隊送給菲律賓的一艘一九六〇年代舊船，現在取名「戈里格里歐．狄爾·皮拉號」（Gregorio del Pilar）。[18]中、菲兩國實力天差地遠，一方面是中國的實力蒸蒸日上，一方面卻是現代菲律賓一敗塗地的海軍，而這只能怪本身社會、經濟的失敗所致。當然，激起菲律賓人如此強烈的反中情緒，是因為中國在黃岩島的行為明明白白擺明了對菲律賓的鄙夷，實在令人倍感羞辱，嚥不下這口氣。

美菲軍事同盟

黃岩島事件讓菲律賓人深切體認到——如果當時他們還不懂的話——他們需要和美國有實質的軍事同盟。這將是延續過去一個多世紀的舊作法，但若是考量到後冷戰時期兩國關係的疏遠，這就是新作法了。一九七〇年代美國海軍在羞辱的情況下離開越南金蘭灣，而今卻被邀請回去；美國海軍也在一九九〇年代初離開呂宋的蘇比克灣，現在也被邀請回去。菲律賓大學教授艾琳·巴薇拉（Aileen Baviera）說：「我們唯一的槓桿就是與美國同盟，而同盟本身是不對稱地有利於美國。」本地區其他國家也得出同樣的結論。

從美國的觀點來看，菲律賓現任總統班尼諾·賽蒙·艾奎諾三世（Benigno Simeon

Aquino III）是個契機。他的父親班尼諾・賽蒙・艾奎諾二世是個頗孚民望的政客，一九八三年被暗殺身亡，並引爆人民反馬可仕的動亂。小艾奎諾和馬可仕下台後的菲律賓歷任總統不一樣，公認既不貪瀆，也有能力。小艾奎諾是個民族主義者，有心根除貪汙，並藉南海的石油和天然氣收入來掃除貧窮。你或許會說，**祝你好運**。即使如此，美國官員覺得必須把握他的任期，因為**誰曉得他的下一任又會是怎麼樣的窩囊廢**。有位美國官員告訴我：「讓我們趁他當權時，趕緊將新關係體制化。」

儘管已經關掉冷戰時期的蘇比克灣和克拉克的海、空軍基地，美國軍方事實上在九一一事件後已強化它和菲律賓武裝部隊的關係。由於菲律賓南部蘇祿群島是與凱達／基地組織有鬆散關係的伊斯蘭恐怖分子的巢穴，美國數百名特種作戰部隊自二〇〇二年起即部署在當地及民答那峨南部，執行反叛亂戰略，幾年下來，已把回教祈禱團（Jemaah Islamiyah）和阿布薩耶夫（Abu Sayyaf）壓制下去，淪為起不了大礙的騷擾分子。接下來的挑戰是，如何讓位於北方馬尼拉（即呂宋）的軟弱、腐敗的羅馬天主教徒政府，肯把開發援助撥給靠近婆羅洲、經常被遺忘的穆斯林極端分子。菲律賓政府的無能與無意，也是南部民答那峨的莫洛伊斯蘭解放陣線（Moro Islamic Liberation Front）、以及散布在這個多山的群島其他地方的共產黨新人民軍（Communist New People's Army）長期造反的原因。但是，鑒於蘇祿群島政治上、軍事上仍然脆弱，即使美國特種作戰部隊也從六百人降為三百五十人，被列為「高價值目標」的跨國恐怖分子人數銳減為一小撮，華府現在必須說服菲律賓政府，將其軍隊重新定位：從內觀的陸軍改為注重海上疆域的對外武力，以便對抗中國。主管戰略評估的助理部長雷蒙・荷賽・奇洛普（Raymond Jose Quilop）在馬尼拉告訴我：「多年來內亂已占據了我們國防九成以上的兵力，現在它還未結束。」

現在大部分注意力擺在陸軍身上，海、空軍根本微不足道。譬如，如前所述，空軍力量不能和海軍力量分開，菲律賓只有一、兩架 C-130 運輸機真正能飛，或許還有七架 OV-10，非常老舊的一種近空支援軍機。菲律賓或許有四架可作戰的噴射戰鬥機。在美國軍方眼裡，菲律賓處於「入門」水準。甚且美國無法移轉合理的新式防衛科技給馬尼拉，因為菲律賓根本沒有網路或作業安全可言。因此美國軍事專家對菲律賓的共同評價是「最低度可靠的國防」。有位美國軍官對我說：「他們根本不需要亦步亦趨地趕上中國。菲律賓人只需要一隻狗和前院裝個圍籬，中國人若要侵門踏戶會猶豫就行了。」當美國急急忙忙把海岸防衛隊要除役的一艘一九六〇年代快艇改裝、成為菲律賓海軍傲人的軍艦時，全世界都笑掉大門牙。但是美國人一本正經。有位美國官員告訴我：「我們剛把菲律賓海軍從第二次世界大戰的水準提升到一九六〇年代的水準。那就是進步。」美國人曾經想過賣給菲律賓一艘一九八〇年代末期的巡防艦，但是考量到它是燃氣渦輪主機，那對菲律賓人而言太難維修了，遂作罷。因此，華府鼓勵馬尼拉投資在比較不複雜的義大利製巡防艦，以及日本製小型巡邏艇（菲律賓人已收到交貨）。現代海、空軍兵力需要純熟的技術、完整的安全規劃、龐大的經費，也考驗著國家文化的發展程度，而菲律賓現在所處的水準很低。不過，馬尼拉政府十分認真，想要改變這個形象，決定撥出十八億美元建軍：以這樣一個規模的國家而言，這是不得了的大手筆。

美國人為了補強菲律賓海軍兵力目前的緩慢提升，每年有一百艘軍艦及海軍補給船（包含潛艦）到蘇比克灣及菲律賓其他港口訪問。菲律賓方面也提升各港口修復設施，以便鼓勵美國更多軍艦到訪。甚且，美國參謀首長聯席會議主席、美軍太平洋艦隊總司令、美國太平洋司令部司令以及太平洋陸戰隊司令，全都由華府和檀香山來到馬尼拉正式訪問。文官方面，一群司處長級官員也不時從華府經馬尼拉到各地出差。其目的在於提供菲律賓充分的政治和軍事支持，以一位美國官員的話說，防止菲律賓之於中國變成一九三六年的衣索比亞之於義大利：隨時可被侵犯。蘇比克灣就像越南的金蘭灣，不會再次成為美國完全的基地；美國人現在的計畫是：美國海軍力量定期「輪流」拜訪菲律賓（以及越南）的港口。同時，現在兩國也在討論將菲律賓西部巴拉望島——面朝南海、靠近南沙群島——的烏盧甘灣（Ulugan Bay）疏濬成為未來的海軍基地。

縱使如此，中國並沒有退讓的跡象。有一次我到訪時，中國確實宣布計劃在離菲律賓控制的南沙群島僅有數英里的渚碧礁，興建一條一英里長的跑道。其實潮水上漲時，渚碧礁是淹沒在水底下。事實是，霸凌菲律賓在北京可討好民族主義者，這是修理越南所達不到的。仇視越南在中國已經深鑄人心，因此不能增進中國任何文武官員的民族主義精神；可是，菲律賓是美國正式締約的盟國，霸凌菲律賓可以予人中國頂撞美國的印象。而且由於菲律賓軍方本身兵力薄弱，這一點也容易辦到。藉由增強與馬尼拉的雙邊軍事關係，華府正在升高賭注——也就是增強與中國抗爭。

無法防衛自己的大國

所有這些確確實實、無法迴避的真相，構成我在馬尼拉外交部與官員對話的背景。在嘈雜的冷氣和陰森的日光燈下，從身穿漿燙的白色傳統菲式襯衫（barong）的官員的柔和腔調中，我聽到務實的、不服輸的論述，可是又透著軟弱的無奈。法律以不偏不倚來保護弱者，但是國際體系是霍布斯式的，因為它缺乏可以執法懲戒不公不義的主權者；因此國際法的地位目前跟不上地緣政治的現實。我所採訪的菲律賓官員對此也完全瞭然於心。

海洋事務委員會秘書長亨利．班蘇托（Henry P. Bensurto, Jr.）為我簡報中國在靠近菲律賓陸地的大南沙群島各個島礁所進行的一切活動。他開宗明義就說：「真正的問題是中國偷偷摸摸地擴張海權。」他說，中國人在他所謂的「西菲律賓海」試探、擺設浮筒，並計劃在任何一小片土地（dry land）駐軍。他如數家珍地提到永興島、禮樂灘、安塘礁、仙賓礁和巴約．狄．馬辛洛克礁（Bajo de Masinloc，即黃岩島的菲律賓名）等名字。他又說：「中國將會繼續升高緊張，然後透過外交降低緊張，不久它又會升高，這一來他們就可以吞噬掉你一條手臂：他們要求在他們絕無根據主張主權的地區進行共同開發。」他在即將結束

Power Point簡報之前說了一句話：「中國軍事力量愈強大，它就愈不會有彈性。」雖然在美國和中國眼裡，菲律賓居於戰略要衝，從他自己國家的角度去看，其地理位置是個惡夢。菲律賓在其島群範圍內有七千個島嶼要保護，而全國有七成市鎮靠近海邊。大海就是一切，而中國之覬覦南海，就如同「俄羅斯之覬覦黑海」。科技也幫不了忙：由於空運的成本太高，數萬艘船隻在未來數十年還會繼續經過「西菲律賓海」（南海），使得這片水域對軍艦十分敏感。他的結論是必須訴諸國際法——這正是軟弱的最大證明。

主管海洋事務的助理部長吉爾伯托．亞蘇克（Gilberto G. B. Asuque）說話就更不修飾，他說：「這是我們的大陸棚，而他們覬覦我們的油和氣，就是這麼簡單。我們必須讓全世界知道，中國不能把每樣東西都往自己口袋擺。」這樣情緒激昂的話出自外交官之口，相當不尋常。但是言外之意透露嚴重的無力感。菲律賓本身沒有什麼石油和天然氣。它在過去三十年鑿了兩百六十三口井，而馬來西亞和印尼也每年各鑿四百口井。由於當地油源不足，艾克森（Exxon）已放棄它在蘇祿海的權利。馬尼拉灣附近的天然氣田規模相當小。二〇一一年，菲律賓在巴拉望以西四十英里——即中國東南方五百七十五英里、越南東方四百五十英里——發動十五個區塊的能源探勘計劃。可是，這十五個區塊全位於中國的九段線之內，並且中國已經主張這十五個區塊中有兩塊是它的。有位菲律賓官員抱怨說：「我們人口將近一億，而我們的能源蘊藏開發很少，現在還有別人來競爭。」

次長艾迪伯托．亞丹（Edilberto P. Adan）兼任處理軍事訪問協議的總統府特設委員會執行長，語氣哀傷地提到美、菲軍事關係最近幾十年的惡化，以及菲律賓付出的代價。他說，當克拉克和蘇比克是美軍常設基地時，菲律賓每年從華府得到兩億美元軍事援助。基地關閉之後，數字降為零。到了一九九〇年代中期，中國開始「悄悄潛入」南海時，一九九九年美、菲簽署新的軍事協定，華府每年給予菲律賓軍方三千五百萬美元援助。他說：「我們希望與美國有更深的防務關係，也自掏腰包撥出十五億美元的軍事預算，不過那還不及你們造一艘潛艦的成本。」他提到，我來訪期間，菲律賓通過一項對澳大利亞的部隊地位協定：這是一項重大發展，它代表馬尼拉現在願意允許其他太平洋國家的部隊定期在菲國領土輪調。這當然全是為了中國所做的安排。他又說：「自從一九九五年中國人占領美濟礁以來，他們的意圖一直沒有變：只是現在他們更有實力支持這個野心。[19]我們需要美國海軍力量在這裡進行補給、加油，或在我們水域拉屎撒尿。典範就是新加坡（和越南）：如果你替美國人蓋了設施，他們就會來。」他指出，雖然國家運作失靈，菲律賓人民族主義意識很強：菲律賓人在十九、二十世紀之交時曾經與美國人狠狠交戰一番，後來在第二次世界大戰期間又與美國人並肩，同樣英勇抵抗日本占領軍。

歷經近兩百年的內亂，中國終於又站起來，並且向海洋亞洲推進，現在菲律賓似乎需要再次求助於美國人。馬尼拉的文、武官員有一派理論，認為菲律賓人若是玩弄海軍的戰爭邊緣政策（naval brinkmanship），會迫使華府對北京採取更強硬對抗的立場，將對馬尼拉產生戰略利益。但是，歐巴馬政府在二〇一二年明白警告馬尼拉，不要玩這一套手法。當然，中國主宰南海並不吻合美國的利益；但是美國已經與北京有許多牽絲拉藤的財經及其他利益關係，若是因為菲律賓和越南這些國家血氣方剛、輕浮躁動的民族主義牽扯進去和中國衝突，也不吻合美國的利益。菲律賓前任參謀總長班哲明．狄芬索（Benjamin Defensor）告訴我，就是為了這個原因，超過某一界限的話，「美國就不會來援助我們」。他和其他人主張，菲律賓最好要節制、要訴諸國際輿論，何況來自中國的新威脅，不會緩和馬尼拉持續面對的國內安全之挑戰，特別是菲律賓南部穆斯林的叛亂。

我很清楚看到，菲律賓的國防和安全官員覺得遭到圍困：被中國包圍，被國內各種小型的叛變包圍，甚至可以說是被自己國家文化的冥頑不靈所包圍。

事實上，這種冥頑不靈也蔓延到最高的政治層級。菲律賓大學政治學教授卡洛琳娜・赫南迪斯（Carolina G. Hernandez）告訴我：「菲律賓很少領導人有戰略思考。六年一任、只限一任的總統制民主政體一點也沒有用。我們的領導人思維根本不超過他的任期。」她說：「因為美國人的殖民主義，我們習慣依賴他人，也缺乏戰略思考。坦白講，我們沒有抵禦外敵的能力。在一九五〇年代初期打敗共產黨虎克黨叛軍（Huk insurgents），和一九六〇年代末期共產黨新人民軍（New People's Army）崛起之間，我們是有機會建立可靠的國防。但是我們沒去做。」

因此，經歷一百一十五年之後，美國在菲律賓的經驗依然甩不開同樣陰沉的挑戰：究竟要如鞏固、防衛一個無法保護自己的人口大國？

烏盧甘灣的未來

這個挑戰在我訪問巴拉旺的主要城鎮公主港（Puerto Princesa）時，再度成為焦點。巴拉望是菲律賓西部一個又長又細的長矛形狀島嶼，突出伸入南海、靠近南沙群島。南沙群島英文名字為Spratlys，是一八四三年為紀念英國捕鯨船「塞魯士南方海員號」（Cyrus South Seaman）在一八三六年至一八四四年的主人理查·史普瑞特利（Richard Spratly）而命名。但是菲律賓人稱呼這個島群為「自由邦」（Freedomland）或「卡拉揚」（Kalayaan），這是菲律賓探險家和漁業大王托瑪士·柯洛馬（Tomas Cloma）於一九五六年率領數十名手下占有它們之後，給這些島礁所取的名字。雖然卡拉揚幾乎無人居住，也很難抵達，卻有位卡拉揚市長尤金尼奧·畢托翁翁（Eugenio Bito-onon），他的辦公室就在公主港。

公主港是個胡亂發展的村莊：一排蜿蜒數百公尺的鐵棚攤子擺著從水果到汽車零件等形形色色的商品；它是接受一年當中好幾個月大雨滋潤所長出的綠野森林當中，硬開闢出來的一座小村莊，一眼望去盡是椰子樹、香蕉樹。市長辦公室位於市場後方一棟鐵柵窗子的破房子。他那小房間裡掛滿了圖表，標明南沙群島最大島礁派格阿薩島（中文名稱為中業島）百來名居民所需之補給。派格阿薩島號稱有一條將近一英里長的跑道，是日軍在第二次世界大戰期間填海生地而蓋成的。市長住在公主港是因為派格阿薩島被季風及颱風所阻絕，已經有好幾個月了。他告訴我，跑道已經窟窿遍地，他搭小船在海上顛簸幾天也可以到達派格阿薩島。

市長開車載我穿過森林裡的泥濘小路，前往位於蘇祿海濱、緊鄰一片沼澤地的菲律賓西部軍區司令部。和全世界各個開發中國家的軍事基地都一樣，這個司令部遠比本地區其他住戶區來得整潔、乾淨，有保養良好的整排棕櫚樹，並且簡陋的辦公室就和市長的房間一樣，堆滿了排列井然的文書檔案。

我一走進房間，就聽到一名菲律賓軍官說：「我們需要美國提供全天候型的飛機。」他在對來自密西西比州海灣港（Gulfport）的一位美國海軍少尉說話；此君前來協助安排隔幾個月後兩國陸戰隊的一項演習。我立刻被引導去見菲律賓西部軍區司令、陸戰隊中將璜卓·沙班（Juancho Sabban）。他告訴我，不僅和他的部隊所要防衛的島群通訊困難，許多地區周圍海域也沒有海圖，換句話說，船長們基本上是盲目行船。或許這也是為什麼我來拜訪前不久，中國海軍一艘巡防艦在南巴拉望之西六十英里的半月暗沙觸礁。「惡劣的天候、原始的環境，使我們相對於中國人占了上風，他們在這些水域無法有效地運用他們海軍優勢。」接下來的簡報裡，他和其他軍官細數一大串中國在「西菲律賓海的卡拉揚群島」侵犯領土的惡行：三架噴射戰鬥機在這裡闖入菲律賓領空、一艘軍艦在這裡被發現非法侵入。他們告訴我，中方頻頻增加入侵，而且愈來愈靠近巴拉望島。

「我們需要更多飛機和軍艦。」
「我們需要更多跑道。」
「我們需要更多網路作戰能力。」

有位青年軍官說：「作為一個國家，我們該做的最重要的一件事，就是探勘西菲律賓海的石油和天然氣，因為我們是西太平洋最貧窮的國家。」

另一位青年軍官也說：「中國正在大量打造可放在船上的中型坦克，以便入侵巴拉望〔菲律賓本土〕。」

這裡頭是夾雜著羞辱的焦慮，因為中國最近才宣布將南沙、西沙和中沙群島合併設立「三沙市」，指派了市長管理。現在南沙或卡拉揚有了兩個市長，而中國市長擁有更多的資源。

車子開了一小時，穿過山區叢林，我從巴拉望的蘇祿海邊來到南海海邊。烏盧甘灣赫然映入眼簾：一片灰藍色的水面，波濤拍岸，它依傍著原始森林、還有我在開發中國家任何地方都難得一見的爛路。唯一的聲音是樹葉在風中隱約作響。所謂海軍基地只是幾棟石灰牆建物。菲律賓海軍西部司令部一年前剛搬到這裡，還在造園、種植栽。有一個說法，這裡是生態旅行者的天堂。另一個說法，這是美國軍艦的停泊處。我曾經聽一位美國高級官員一本正經地表示：「烏盧甘灣：未來之所繫。」這裡是南海廣大的水域，離南沙群島航行要三十六小時，幾乎是蘇比克灣到南沙群島的一半路程。這裡已經是菲律賓海軍旗艦戈里格里歐・狄爾・皮拉號（由一九六〇年代海巡艦改裝）的母港。基於環保的理由，這裡不准疏濬：如果美軍驅逐艦、航空母艦要聚集在這裡，毀了我眼前這片美景，那麼就有必要疏濬。有可能烏盧甘灣是海軍規劃人員十分重視的戰略要衝，不容環保人士掌控它。戰爭與軍事競爭不僅不幸，而且不優美。

我發覺，唯一能拯救得了烏盧甘灣的是經費不足。疏濬和港口開發是昂貴得令人咋舌的大案子。菲律賓肯定沒有錢。以華府目前的預算危機而言，五角大廈也經費不足。

我的本能讓我盼望這片漂亮的海岸仍然可以保留原貌。但這一切要看中國。以目前來講，中國持續繁榮將導致軍事擴張（這一點算是正常）。但是，中國經濟會繼續增長嗎？中國的軍事擴張將導致美國海軍更親密擁抱菲律賓。殖民地似的依附關係將持續下去。

第七章 台灣：亞洲的柏林

就像冷戰時期的柏林，台灣是與中國大陸涇渭分明的自由前哨站，
又是整個西太平洋政治與軍事情勢的領頭羊。
若是台灣的實質獨立受到中國的衝擊，美國的盟邦，
從日本到澳大利亞將悄悄重新評估他們的安全地位，
並且可能會調整姿態以接受中國的崛起。
台灣身上所繫，不僅是它自身及其兩千三百萬居民的命運。

國家主權的象徵

約瑟夫．康拉德（Joseph Conrad）寫說：「中國海之南方和北方都是狹窄的海域，它們是充滿了日常、生動活潑的事實，如島嶼、沙洲、暗礁、急促又變化莫測的水流的地方——雖是夾纏不清的事實，卻毫不含糊地讓水手知道。」[1]

東沙群島是由三個島礁組成的群島，其中只有一個浮出水面，任誰都無法辯駁。被中國人稱為「東沙群島」的地方，是個不到兩英里長、半英里寬的月牙狀彈丸之地，它還包括一座潟湖，也是唯一有人居住的小島。實際上，它有一條略微浮出水面、五千多英尺長的跑道，扼守著南海的北方出入口，與台灣及中國的距離幾近相等；而且它還是南海最大的島嶼。跑道和兩座碼頭由台灣的海巡署派員、配合相關技術人員駐守，人數約兩百人。島上也有少許生態學者。芙蓉、松樹、低矮的椰棕樹、合歡樹和海草——襯托著一望無垠的大海，顯得格外麗質天生，自然景色之美令人不禁讚嘆造物者之大德。如果人類沒有為每一片土地爭鬥不已的天性，那就棒透了。

據說，漢武帝兩千年前就在南海建立主權。一千年前的晉朝即有有關東沙群島的記載，也因此今天的中國人宣稱擁有主權。由於台灣和中國依然對誰才真正代表中國爭議不休，東沙以及南海其他島群（此外還有中沙群島和黃岩島）仍是兩岸爭執不決的議題。牛舌型或U型的界線，是國民黨的概念，因此蔣介石在台灣的後繼者仍堅持這個界線。[2]它原本有十一段線。後來，中國大陸和越南就東京灣簽訂協定，靠近東京灣的兩段線取消，因此變成九段線。中國和台灣兩方面都說，每一段線皆代表南海之內各島嶼及大陸海岸線之間的中間線。[3]國立台灣師範大學王冠雄教授說，九段線的目的在於主張對牛舌之內各島礁及其外海海域的所有權，不是要主張對整個南海擁有所有權。東沙就是中國大陸及台灣皆宣稱擁有主權的最佳事例。

日本在第二次世界大戰期間占領東沙。一九四六年，此時毛澤東的共產黨還未贏得內戰，蔣介石的海軍以中華民國代表的身分登陸東沙，次年宣布東沙為中國合法所有。台灣此後一直管轄浮出水面的那個小島，一九八〇年代它在島上興建現有的設施，因此確立了事實。

我搭乘台灣軍方定期補給的一班飛機抵達東沙。經歷六十五分鐘飛行，我在震耳欲聾的引擎聲中踏出一架老舊、漆了迷彩的C-130力士型運輸機，迎上在南海大小島礁上千篇一律的熾熱陽光和肅穆的寂靜。熱帶的多采多姿令我吃了一驚：這裡有兩百一十一種植物、兩百三十一種鳥類，以及五百七十七種魚。極目所至，花卉、綠意和大洋映入眼簾。

島上海巡指揮官帶我參觀。我看到雷達和氣象觀測站、二十噸的海巡快艇泊靠的兩座碼頭、四個海水淡化機組，以及四具隆隆作響的柴油發電機（每二十五天海軍補給船由台灣送來柴油）。蔣介石拄著手杖、戴著寬邊帽的銅像站立在花叢中。台灣人於一九四八年在島上蓋了一座大王廟，用中國廟宇最常見的俗麗鮮紅色裝飾它。它是紀念漢朝一位忠心耿耿、武功蓋世的名將關羽。最後，我被帶到鐫刻「南海屏障」的一座大石碑。一個小時之內，我已經全島走透透。

守衛部隊集中在跑道上，島上其他設施統統圍繞著它。這條跑道給予台灣某些戰略縱深對付大陸。目前並不清楚在南海此一北部地區的海床有多少石油和天然氣蘊藏量，因此台灣守衛部隊目前的任務是保衛鄰近豐富的魚群。這裡會爆發戰爭嗎？我懷疑。戰爭，至少從南海的角度看，目前大多是在吵吵鬧鬧的國際會議上展現出民族主義的姿態，而不是實際動手打仗。本區域每個國家都想要添購新軍艦，但除了偶爾的小摩擦爭執之外，沒有人真的想把衝突升高。

島上指揮官告訴我：「本島由海巡署駐守」，隨時可將中、越漁船逐離沿海水域。（南沙群島最大的島嶼太平島也是如此，台灣派了一百四十名海巡人員駐守。[4]）「但是台北有好幾位立法委員要求派駐海軍及陸戰隊，以示台灣捍衛海疆的決心。」

正是因為台灣堅決主張擁有東沙群島的主權，也因此台灣迫切希望向世界昭告此一立場，我才獲准到島上參觀採訪。我申請了兩次，並與台北相關部會頻頻以電子郵件往返溝通，我才到得了東沙島。換句話說，新聞記者往往自詡是歷史見證者的說法，只有在陸地戰爭時才大體能夠成立，因為媒體比較容易趕到現場。在南海的水底下，或是汪洋大海中迷你島礁發生意外或交戰，媒體可能就得依靠相關國家政府的消息來做報導。

我也發現，正是因為島上一無所有，這裡的地形地貌真的名符其實：茫茫大海中的彈丸之地，沒有歷史陳跡，基本上也沒有百姓住在上面。因此它們很容易就被當作是愛國的圖騰，特別是因為它們環堵蕭然、空無一物，意義之缺乏所帶來的抽象性，使其作為愛國符號的能力更加強大：實際上，在這個媒體全球化的世紀，它們成為國家的表記。追求地位這個原始的需求仍然會決定國際體系。以南沙群島來說，從中國的角度來看，它並不具極端重大的戰略價值，因此北京才能讓有關它們的爭議越演越烈。同時，像黃岩島這樣一塊光禿禿的大島礁，在菲律賓人眼裡卻是不得了的重要。二〇一二年五月，當菲律賓與中國的船艦在島礁附近緊張對峙時，菲律賓人在全世界各地發起示威遊行以表達支持。除了台灣占領它們之外，東沙什麼也不是。南沙群島的太平島和敦謙沙洲也一樣。因此台灣才能向世人展現它的國際地位。

自由的前哨站

我們因此來到台灣，一窺這個擾亂亞洲和平、卻不容否認的尷尬事實。台灣和北韓不同，它活潑的民主和公民社會與二十一世紀的價值完全契合。沒有人期待台灣會像北韓那樣崩潰或消失。可是中國大陸卻十分堅決，不論要等上多久，都要把台灣併入中國版圖。我們因此有了西太平洋最難以排解的衝突。

南海控制著東南亞和東北亞的交通，這是太平洋盆地邊緣兩個安全與衝突的體系，而台灣是南海這個瓶子的瓶塞。[5]東北亞要依賴南海，因為東北亞大多數能源要經過南海的海上運輸線運送。美國國務院前任助理國務卿、資深的亞洲通保羅·伍佛維茨（Paul Wolfowitz）

曾經告訴我，台灣是「亞洲的柏林」。就像冷戰時期的柏林，台灣是與中國大陸涇渭分明的自由前哨站，又是整個西太平洋政治與軍事情勢的領頭羊。若是台灣的實質獨立受到中國的衝擊，美國的盟邦，從日本到澳大利亞——包括南海周邊所有國家——將悄悄重新評估他們的安全地位，並且可能會調整姿態以接受中國的崛起。台灣身上所繫，不僅是它自身及其兩千三百萬居民的命運。

而台灣，和冷戰時期的西柏林一樣，有不容置疑的堅決鬥志。占領東沙和太平島證明了這一點。

新興的民主與認同

可是，來到首都台北，卻和新加坡一樣，我的認知出現不協調的現象。新穎的摩天大樓似雨後春筍拔地而起，街道上車水馬龍、川流不息。我從台北搭乘亮麗的高鐵前往南台灣。舉目所至是整齊的店鋪和閃爍著中文字的液晶螢幕。消費主義和效率在此是最根本的信條。知識告訴我，富裕往往會帶來軍備競賽。但是直覺又告訴我，我錯了：如此繁榮富裕的人不會想要打仗。他們會失去太多東西。

縱使如此，在這裡，無論我走到哪裡都會碰上兩樣東西：購物中心和潛艦。從台北到吉隆坡，購物中心人聲鼎沸，然而，新加坡一位分析家告訴我，就本地區各國國防部而言，潛艦是最時髦的商品。

免費咖啡和蛋糕送上來；這種服務在美國火車上可是聞所未聞。我才吃完，服務員立刻收走杯子和紙巾。亞洲的效率經常讓西方人嘆為觀止。我不免要想像一番，這樣的效率運用到戰爭，會是什麼樣的情景。在本區域的大型戰爭一定很可怕，因為它勢必把儒家亞洲的動力發揮到極致。

我要到南部去參觀台灣一個歷史地標。其背景如下：

數百年來，西方人比較熟悉台灣的葡萄牙文名字「福爾摩沙」，意即「美麗島」。十六世紀頭二十年，葡萄牙航海家無數次侵入印度—太平洋。其中最著名的是商人托美·皮瑞斯（Tome Pires）奉麻六甲總督之命，前來打通與中國的貿易。這些探險之旅的某一次，或許是佛南奧·孟德斯·品托（Fernao Mendes Pinto）率領，葡萄牙人經過台灣翠綠青蔥的西海岸。「台灣」之名有好幾種拼寫方式，據說是本地原住民語，意即「外國人」，一六二

○年代荷蘭殖民者因為經常聽到土著談話提到這個字詞，遂以之為名。現代的台灣人七成具有原住民血統，系出馬來人種。台灣除了是中國向外海的延伸，以及日本琉球島鍊最南端之外，也代表東南亞最北的延伸，因此與馬來西亞聯結起來。[6]撇開政治不談，只論地理，台灣是西太平洋的輪軸與中樞。台灣是十九世紀末法屬印度支那安全的關鍵，甚至它的實質獨立也關係到台灣海峽的完整性，後者攸關日本的貿易路線，甚至北京也需要重新擁有它，才能結束大陸遭到列強的百年羞辱。台灣關係到亞洲的每個次要領域。

在古代及中古時期，中國大陸與台灣的接觸斷斷續續，孫吳、隋、唐朝都有過探險。中國歷史的分分合合都在陸地上上演，中國文明的農業搖籃一再地忙著征服和管理北方、西方和西南方游牧民族的高原，因此沒有什麼精力顧及海洋事務。然而，這並沒有根絕海盜和漁民進出台灣海峽的海上活動，或阻止九世紀發展遠洋艦隊。明朝初年探險家鄭和以揚威印度洋而出名，但是鄭和麾下某些船艦可能到過台灣。海盜出身的軍閥鄭芝龍奉明朝皇帝之命圍堵在台灣海峽活動的荷蘭人，明朝部隊才好全力對付由北方平原南下侵略的滿洲人。鄭芝龍從遭飢荒侵襲的福建省遷移數千人至台灣墾殖。這一來開啟了大陸與台灣的有機關聯。

但是，真正居於大陸與台灣歷史交會點的是鄭芝龍的兒子鄭成功（或稱「國姓爺」）。

鄭成功幼時飽讀詩書，是個海上軍閥，能夠力抗垂死的明朝和新興的滿清兩者的政治壓力。他率領四百艘船艦、兩萬五千名官兵，從福建來到台灣。一六六二年，鄭成功包圍台灣西南海岸熱蘭遮城（Zeelandia，即安平古堡）的荷蘭人，後來允許荷蘭人「擊鼓、揚旗、全副武裝」，帶著他們所有的財物，退到印尼的巴達維亞城（Batavia，即今天的雅加達）。這是他的智慧和寬宏大量。鄭成功英年早逝，得年三十九歲，在大陸、在台灣都被尊奉為理想明君，證明軍閥也可以十分英明，比正式國家元首更好學。他在大陸被尊奉為民族主義英雄，趕走西方殖民主義勢力，打造大陸對台灣永久擁有主權，並於海峽兩岸都治理一方之地。台灣方面，國姓爺被奉為「開台始祖」，為本島打造獨立意識。為紀念他而建的廟就有六十座。有鑒於台灣進化成為民主政體，加上從一八九五年至一九四五年被日本占領半個世紀，國姓爺的風範再加上他的生母是日本人，更構成一項證明：他在精神上屬於自由的台灣。[7]

國姓爺去世後，兒子鄭經繼掌大權，父規子隨，開明統治，帶領台灣商業繁榮、農業興盛。然而，鄭成功逝世後爆發繼承之爭，鄭氏王權不保，台灣在往後兩百年成為大清帝國的邊陲。大清皇帝接到的一份報告說：「台灣只是遠離中國、孤懸海外的一座島嶼，長久以來即是海盜、逃犯、逃兵和無賴藏身之地，因此取之無益。」但是皇帝採納別的建議，將台灣併入版圖，不讓它再落入荷蘭手中。歷史學者文達峰（Jonathan Manthorpe）寫說：台灣於一六八四年併入帝國，但被當作「無足輕重」之地對待。[8]

清朝於十九世紀中期開始衰頹，和同時期的鄂圖曼土耳其帝國相似。一八九五年，明治維新後國勢蒸蒸日上的日本奪走台灣，把它當作進入東南亞和南海的踏腳石，以及掌控黃海和東海的鎖鑰。日本雖然占領台灣五十年，他們在台灣並沒有像在東亞其他地方（它們在一九三〇年代和一九四〇年代也淪入日本法西斯統治）那樣被痛恨。日本人雖然實行高壓統治，也展現種族優越感，但政府卻很廉潔、制度健全，進而促成台灣的現代意識，並且使台灣人成為亞洲教育程度最高的民族。相較於滿清末年的腐朽，以及蔣介石政權至少是在早期的掠奪和蠻橫，在日本人治下的經驗還算可以忍受。日本人帶來醫療、農業、公路、鐵路。換句話說：秩序和現代性。

台灣是亞洲唯一的地方，日本法西斯戰敗之後沒有立即帶來良好治理。蔣介石初期統治相當高壓，若非韓戰和越戰相繼爆發，當時華府擔心台灣將落入共產黨之手，美國或許就遺棄它；台灣的地理位置也很適合作為戰爭的發動基地，可以轟炸北越，以及作為美軍部隊休息娛樂的中心。因而美國從一九五〇年代起給予台灣大規模經濟援助，另外配上國民政府土地改革計劃成功，農民有錢投資小型工廠，造成輕工業革命。高水準的教育是日本占領的成果，加上美國的經濟援助，政府雖不民主、卻非共產主義或極權主義，遂在一九九〇年代初期造就了第三世界最成功的民主政體之一。蓬勃的發展推動了台灣的本土化運動：台灣島上藝術、媒體及大學文化的突飛猛進，從中我們看到了地方方言「閩南話」的復興，以及國民黨由大陸帶到台灣的國語的褪色。

一九九六年台灣人民直選總統，它不僅證明了台灣的民主，也赤裸裸的凸顯美國的軍事實力。在總統大選之前，中國大陸政府祭出飛彈試射，並在台灣海峽地區演習攻打台灣，展現武力，警告台灣人可別妄想在總統大選中趁亂宣告獨立！柯林頓總統派出「獨立號」和「尼米茲號」為首的兩支航空母艦戰鬥群前進到鄰近海域。北京突然軟了下去，發現如要制衡西太平洋的美國海、空霸權，本身必須大舉興建防衛力量。中國遂開始快速採購潛艦、噴射戰鬥機和反飛機、反艦艇巡弋飛彈，以及電子偵聽站——中國才能在本身沒有航空母艦之下阻礙美國海軍接近亞洲海岸。美國的反應已經不容否認。過去它六成的海軍兵力朝向大西洋部署，到了二〇〇五年，六成的海軍兵力朝向太平洋部署。[9]

台灣與中國對峙之勢還會持續許久，因為中國絕對不會讓步。北京領導人曉得，日本殖民台灣的同時，英國搶走香港，葡萄牙搶走澳門，其他西方列強和俄羅斯搶走條約口岸和中國其他土地。後來國、共內戰結束時，蔣介石將中華民國移至台灣，作為代表全中國的敵對政府，得到美國及其他許多國家的承認，直到尼克森和季辛吉一九七二年的外交大逆轉為止。因此，在北京眼裡，收回台灣攸關到洗刷它全部的屈辱史。[10]

但是台灣南部的本地歷史卻與大陸歷史截然不同，提供台灣一個足資建國的神話。我特地搭高鐵南下，就是要參觀熱蘭遮城，它有三層城牆，牆磚是荷蘭人從印尼巴達維亞城、即今天的雅加達運來的。磚塊和石灰已因年代久遠而斑剝，周圍是夾竹桃和修剪過的榕樹，還有一些荷蘭人留下的銅管大砲。榕樹枝攀上了城牆，匍匐蔓延之貌竟像是一幅中國書法。熱蘭遮城實際上是日本占領軍為紀念鄭成功的日本生母斥資修葺。在台南市到處都可見到鄭成功的雕像，這裡濃郁、潮濕的空氣和慵懶的氛圍令人想到東南亞。透過蔣介石的雕像，我們清楚看到，他以大陸來台的新國姓爺自居。

如今熱蘭遮城不再衛戍海疆，在多年的泥沙淤積、陸地擴張之後，它已經被狹窄的巷弄包圍了，舊時風光不再。可是，從有那麼多老老少少參觀這座古堡來判斷，它仍然是台灣歷史一個極強大的表徵。它使人想到一個問題：現在台灣的認同意識究竟有多強大？鑒於他們今天的繁榮富庶，如果真要和大陸開戰，台灣人實際上願意為獨立而犧牲嗎？或者是在自由得以確保、生活水準不受損之下，他們會願意被北京吞併？我在台北採訪的外交與國防官員莫不努力制訂策略，以便永遠不需回答這些問題。

台灣海峽的屏障

劉志攻曾是台灣國家安全會議副秘書長。根據我在華盛頓的認識，任何政府真正的工作和思維往往都靠他這一層級的高級中階官員來完成。他告訴我說：「我們挺得愈久，中國大陸就愈有可能發生政治變化。」我在台北不斷聽說：**我們可以買到時間，其關鍵是在扮演哀兵**。同時，劉志攻說：「我們必須竭盡全力（透過有創意的外交和堅實的軍事力量）維持現狀。」「我們只能試圖透過我們本身的防衛力量，讓大陸方面看到使用武力是不可想像的事情。」他引述孫子的話說：「不戰而屈人之兵，善之善者也。」

但劉志攻心有掛念。長期而言，美國有多可靠？伊拉克和阿富汗戰爭對台灣官員而言，是個大震撼。雖然台灣官方支持美國的軍事行動，其實他們深恐中東有太多令美國分神的變數，使美國無法顧及它在亞洲的責任。另一邊則是虎視眈眈的中國，它或許透過結合陸基飛彈、潛艦、太空監視系統、網路攻擊、超地平線雷達、無人機及偽裝為商船的小型船隻，製造出反介入的煙霧，擾亂美軍靠近中國大陸與台灣海峽的能力。[11]最後，現在大家都擔心，鄧小平掌權以來三十年的穩定已經越來越難維持，政治動盪似乎在所難免。台灣必須更加小心。

北京出現政治自由化的可能不是沒有的，目前的中共技術官僚菁英集團至少是台灣短期內能碰到的最友善的中國政府。國立政治大學教授何思因解釋給我聽：「民主國家或許彼此不會交戰，但是對處於民主化早期階段的國家而言，這一點可能不適用。」北京放鬆中央管控，可能釋放出更加難以駕馭的民族主義力量，而且每個黨派會競相表現得比別人更加愛國。這會是台灣的夢魘。何教授說：「大陸的善意時期可能會終止。」

他認為，事實上北京共產黨當局本身的經濟政策需要台灣。中華人民共和國如何看待台灣，就好比馬來西亞如何看待新加坡，一模一樣。台灣經濟模式所呈現的競爭力，刺激著北京統治者希望改善本身人民的生活水平。

我向何教授提出假設，台灣真正的危險是被中國芬蘭化。即使兩岸每週有好幾百班次民航機往來，一千五百枚陸基飛彈從大陸瞄準台灣，意味著中國不需要派兵入侵，即可悄悄掌握台灣。但是他強烈不同意。他指出，芬蘭在冷戰時期的獨立之所以受到蘇聯嚴重威脅，是因為兩國有很長的陸上邊界，使得蘇聯能夠恫嚇。越南也和中國有相當的陸上邊界，因此也有可能被芬蘭化。他解釋說：「可是我們有台灣海峽。」雖然台灣海峽不寬，卻也幾近英吉利海峽的五倍寬。何思因和我接下來都想到芝加哥大學教授米爾斯海默的「海洋的阻遏力量」理論。[12]米爾斯海默寫說，海軍可以登陸灘頭，但是派出地面部隊深入內陸，永久占領跨海的敵國，卻是極端的困難。因此，中國的軍隊將繼續擴充與強化，取得更多、更好的潛艦、水面艦艇和噴射戰鬥機——也需要訓練精良的士兵去操作它們。或許在可預見的將來，有一天，美國海、空軍將無法遏阻中國對台灣的攻擊。但是北京還是難以占領台灣。即使西太平洋出現新的武力相對關係，即美國的軍事單極優勢讓位給與中國平起平坐的兩極格局，局面還是一樣。

台灣會不會像香港一樣，作為中國的一部分，但被允許有相當大程度的自治，也享有獨特的認同？答案還是不會。何教授解釋說，因為台灣島的地理，台灣有另一個香港所欠缺的優勢：「政治象徵」，這是特殊的建國神話的產品。國民黨與毛澤東的共產黨有過史詩般的鬥爭、戰敗，跨海退守台灣；在希望幾乎盡失之下，它建立起有活力的社會。香港只是個貿易據點，沒有這種故事啟迪本地人的防衛意志。

最後，台灣透過大膽而有創意的外交手腕生存下來。由於中國的恫嚇，全世界許多在職的外交官不得已避開台灣，它只和大約二十多個國家具有外交關係。但是台灣努力不懈地爭取許多國家卸任及未來的外交官，曉得他們將在其國家仍有影響力。它不斷地邀請像我這樣的記者到訪，安排密集的一對一訪談。台灣比以色列更加孤立，台灣人並沒有怨天尤人。台北街上看不到太多軍人。這個地方會讓你覺得如沐春風。台灣人很精明：這股魅力乃是他們策略的一部分。

何思因引述修昔底德斯的著作說：「在米洛斯對話時，雅典人對米洛斯居民說，強者可以為所欲為，弱者只能逆來順受。但是這個殘酷的自然律在今天各國緊密相連的全球化世界並不完全適用。台灣並不孤獨，因此不像米洛斯那麼荏弱。」

防衛固守、有效嚇阻

然而除了親切的微笑、殷勤有禮、送我小禮物，並且暢述「循循善誘的軟實力」之外，台灣的政策也有強悍、堅定的一面。[13]當時的國防部副部長楊念祖辦公室裡有一幅涵蓋台灣、台灣海峽和鄰近中國東南一角的巨大地圖。他指著一個深入大陸的大圓弧，代表台灣進行二十四小時監控的防空識別區。「我們這麼做，已經好幾十年了。我們的準則是空中防禦與海上控制。不容有封鎖和危害我們的兩棲登陸。如果他們轟炸我們的跑道，我們的噴射戰鬥機將利用高速公路起降。」他的一位助理告訴我，台灣海岸只有少許地方可容中國大陸嘗試兩棲登陸。「由於地理限制，他們沒有太多選擇。如果他們要試，會和第二次世界大戰時美軍陸戰隊在太平洋搶攻日軍占領的島嶼一樣，慘不忍睹。我們將是守方，守方占優勢。」

當我們提到蘭德公司（RAND Corporation）在二〇〇九年的一項研究，認為到了二〇二〇年，美國可能不再有能力軍事防衛台灣時，楊念祖認為這份研究「太多算術的東西」。它沒看到要征服台灣所需要的無形的東西。在這裡，又要提到米爾斯海默的理論：攻方要守住灘頭堡，然後大軍向內陸挺進，非常困難。其次，還有北韓因素，今天已經很少人拿它和台灣連起來討論。一九五〇至一九五三年的韓戰，以及中國之傾力參戰，拯救了台灣，使蔣介石政府在實力最弱的時刻免於遭到大陸入侵。接下來的四分之一個世紀，平壤政權始終巍巍顫顫。受困於朝鮮半島諸多問題，中國無暇思考攻打台灣。

當然，除了實際入侵之外，中國還有其他許多劇本可以制伏台灣，迫使台北接受某種政治屈服。譬如，中國針對台灣的發電廠和其他基礎建設發動持久的網路作戰，可以傷害島上民心士氣。楊念祖完全明白這一點，但繼續談本土空防——除了愛國者飛彈，台灣還迫切需要美國改裝它的 **F-16A/B** 噴射戰鬥機，以及賣給台灣更強大的 **F-16C/D**。他告訴我，台灣真正需要的是新式、垂直起降的 **F-35B**，才能破壞中國轟炸台灣跑道的策略。他和其他官員向我抱怨台灣只有高齡三十五歲的 **F-5**，已經可以送進博物館。

兩岸軍事實力的數字對比很恐怖，大陸的武裝部隊日益超越台灣的兵力。台灣有四百三十架噴射戰鬥機；中國有好幾千架，其中七百架部署在台灣附近沿海省分。但是台灣經濟近年來年度成長率只有百分之三至五，政府已很難支付軍事採購，而且前提還是如果它買得到的話。大部分國家出售武器給台灣或轉移最新軍事技術給台灣，都會觸怒北京。即使美國也需要精細的外交盤算：華府能賣多少給台灣——它能交給台灣軍方什麼品質的硬體和軟體——而不會根本上傷害到它和北京的關係，因為華府與北京已經有太多利益糾葛、經不起冒險。

楊念祖告訴我，台灣也需要更多的水雷以遏阻中國兩棲作戰船艦靠近台灣，另外也需要新潛艦以替換一九七〇年代向荷蘭購買的潛艦*。但是誰會賣給他們呢？美國只生產核子動力潛艦；不是台灣感興趣的超級安靜的柴油電力潛艦。還有什麼國家可以考慮嗎？這又涉及到誰願意觸怒北京的問題。同時，台灣的立法院最近撥出經費添購一個中隊的沱江級（迅海計劃）快速巡邏艦，這是一種可以泊靠在台灣沿海許多漁港中的小型船艦，可進行獨立作戰、對付敵軍船艦。[14]就台灣的國防安全而言，即使說不上悲觀，但也絕非樂觀。台灣想要的、和台灣已有的，完全是兩碼子事。從頭到尾，我聽到的是，台灣將維持充分強大的軍事力量，讓大陸的任何武裝干預淪為幻想。

可是，問題還是存在：

鑒於北京在西太平洋有增無減地增強海、空兵力，台灣——雖然地理上不像冷戰時期的芬蘭那麼羸弱——是否需要在既有的對中國政治讓步上加碼呢？中國未來能對誰會當選台灣總統下指導棋嗎？某些潛在的候選人和部會首長會因為被認定對中國敵意太深而被排除資格嗎？換句話說，北京對台灣未來的選舉可以有愈來愈強大的一票。一九九六年台灣初次直接民選總統時，美國透過展現軍事力量遏阻了中國的恐嚇。但是中國本身實力上升，使得這種情況在未來少有可能。台灣有百分之四十的出口輸往大陸，在此前提下，台灣有可能實質獨立嗎？[15]台灣的馬英九總統現在宣示「不統、不獨」，堅持現狀。可是，中國兵力日益強盛，它會一直滿足於此嗎？

故宮的政治意涵

台北最鮮明的國家及文化驕傲象徵就是國立故宮博物院。成千上萬的蒐藏品代表中國自遠古以來歷朝歷代的物質文明遺產。一九四八年，蔣介石的國民政府自忖即將被毛澤東的共產黨打敗，遂整理了一大批北平故宮博物院的珍品、北平中央圖書館的善本書，以及中央研

* 編按：一九七〇年代是向美國採購茄比級潛艦海獅、海豹號，一九八〇年代才是向荷蘭購買劍魚級潛艦海龍、海虎號。

究院歷史語言研究所的文物，以海、空運輸方式送到台灣。到了一九四九年，將近二十五萬件文物裝箱運到台灣。它只占北平珍品的五分之一，但它們都是「上上之選」。[16]館方人員直到一九五四年才完成清點造冊，並於一九六五年在台北蒼翠的山麓蓋了一座新館。不管對岸如何憤怒，台灣擁有整個中國文明極大量的物質遺產的事實，再加上傲人的民主，使得台灣具有相當的正當性，即使它與外在世界欠缺外交關係，也抹煞不了它的地位。

走遍中國大陸，比不上在台灣這個博物館可以濃縮、又完整地一窺中國美學藝術的精髓。大陸觀光客一車又一車地湧到故宮博物院，來參觀中華文化的菁華至寶。

我看著從銅器時代以降中國歷代的興衰起伏：商、周、秦、漢、三國、晉、隋、唐、北宋、南宋、元、明、清。我看到商朝美麗的青銅器，傳達著對神祇和祖先的敬畏；漢朝皇帝的玉製龍虎祥獸；唐朝的唐三彩；宋朝簡約素淨的陶器，以簡單的線條竟然能營造出宏偉的氣氛；元朝的畫反映出蒙古人游牧民族的起源；明朝青花瓷以及山水畫的朦朧雅致；清朝的瓷器帶有印度色彩，象徵著大清盛世版圖之大。我見識到許許多多的藝術珍品，但中國之美還不止於此。

台北故宮博物院就是一個政治宣示：我們擁有這些文器寶物，我們在台灣即是真正的中國，我們將在大陸改變我們之前就改變了大陸。

兩本蔣介石的傳記

台灣的起始和終點都要從蔣介石談起。蔣介石及其兒子蔣經國當年策劃將這些有形的文化遺產運到台灣。蔣介石之於台灣，其重要性堪比李光耀之於新加坡，遠勝過馬哈迪之於馬來西亞。

但是，蔣介石遠比李光耀更有爭議，就二十世紀歷史而言，也是更具關鍵性的人物。李光耀建設蕞爾小國新加坡，蔣介石卻把中國大陸丟給毛澤東。此後，蔣介石率軍退守台灣，後來在台灣建立新政治秩序。台北的中正紀念堂，主館七十公尺高，以白色大理石造成，頂上是傳統中國式的藍色屋頂，還有兩組八十九階花崗石階往下通往廣場。高聳的大門、宏偉的亭閣，代表某種程度的虛榮和奢華氣派，這是務實的李光耀所不會有的作風。即使台灣已演進到與大陸國民政府時代不一樣的階段，且他的遺產也逐步失去光芒，衛兵仍舊戰戰兢兢地守護著一座巨型的、林肯似的蔣公雕像。事實上，蔣介石的兒子蔣經國扮演更重要的角色，把台灣轉型為繁榮的民主國家。

縱使如此，談到南海，蔣介石仍是個代表人物。南海並不只是涉及到海上領土之爭的問題，它有沒有可供開採的石油和天然氣是另一回事。南海也攸關到中國的命運，東亞區域是和是戰繫於這一地理要衝。二十世紀，除了蔣介石之外，沒有人比毛澤東更關係到中國的命運。從二十一世紀第二個十年的角度回望，毛澤東的評價愈來愈低，因為數千萬人因他的政策喪生（也因為在後冷戰時代，世人理解到共產主義和法西斯主義一樣邪惡）。但是近年來蔣介石在學者心目中的聲譽卻大有改進。中國對於蔣介石之評價的修正，有助於我們看清它的未來。

蔣介石以及我對他的興趣，也讓我深刻體會到旅行中總是處處有驚奇。意外不只來自於你之所見，也來自於當下在知識上所受到的啟發，它導引你去反覆閱讀你原本不會去看的書。我因為對台灣產生興趣，動手動腳找材料，又接觸了一些有關蔣介石的著作。

二〇〇三年，倫敦《觀察家報》（*Observer*）及香港《南華早報》前任編輯強納森・芬比（Jonathan Fenby）寫了一本力排眾議的傳記《蔣介石：中國的委員長及他失去的國家》（*Chiang Kai-shek: China's Generalissimo and the Nation He Lost*）。芬比部分挑戰一般人對蔣介石的定見，認為他是腐敗、無能的統治者，儘管第二次世界大戰期間得到美國援助，但他領導的抗日卻陷入泥淖，後來更因為他的無能，把中國輸給了毛澤東。芬比簡短地指出，若非蔣介石在一九三六年遭到劫持，他在當時的政治情境下將會即刻發動剿匪作戰，消滅勢力仍弱的共產黨，二十世紀的中國史或許就徹底改寫了。[17]

二〇〇九年，美國國務院中國科前任官員、日後轉任哈佛大學費正清中國研究中心研究員的陶涵（Jay Taylor）寫了一本更具強烈修正主義色彩的蔣介石傳記《蔣介石與現代中國的奮鬥》（*The Generalissimo: Chiang Kai-shek and the Struggle for Modern China*），比芬比的著作更加顛覆對於這位台灣開創者的許多成見。這兩位作者，尤其是陶涵，把各方對於蔣介石不當的負面印象歸咎到第二次世界大戰期間駐華外籍記者和美國國務院外交官員身上。其中的關鍵人物是戰時駐華美軍司令官陸軍中將史迪威（Joseph W. Stilwell）。史迪威仇視蔣介石，背地裡稱呼他「花生米」，並把這股敵意傳遞給這些記者和外交官；而這些人因為受到史迪威殷勤攀交，當然和他站在同一陣線上。陶涵把《時代週刊》的白修德（Theodore H. White）、《新聞週刊》的易羅生（Harold Issacs）和《紐約時報》的艾特金生（Brooks Atkinson）都列入這一夥，認定是他們聯手展開對蔣的汙名化，並且影響了後世。

白修德的確在他的回憶錄寫說，史迪威「要我們知道，打從珍珠港事件那一天起，『這個無知的混蛋從來就沒想要抗日……這場戰爭每一重大失誤都要怪蔣介石。』」實際上，白修德之所以反對蔣介石是在一九四三年採訪河南大飢荒之後，他親眼目睹蔣介石的士兵徵收穀物稅，逼得廣大農民活活餓死。另一個因素是白修德等記者發出的報導，對中國共產黨褒獎有加，大捧毛澤東和他的副手「溫文、迷人」的周恩來。白修德就承認他和周恩來「成為好朋友」。戰後三十多年，白修德在一九七八年回憶他和周恩來的交情，承認在周恩來面前，他「近乎完全停止懷疑或質問……我現在可以看清楚周恩來的真面目：本世紀一個聰明而冷血的共產黨人」。他又提到他在第二次世界大戰期間在延安親見毛澤東的珍貴經驗。白修德寫說：「我印象最深刻的是他的鎮定。沒有蔣介石習見的抖腳……最令人難忘的是……這個聰明絕頂的人會動用武力，他的心智可迫使歷史向他的思想方向進展。」對於蔣介石，白修德提到他「古板的道德觀……野獸般的奸詐、軍閥的殘暴，和對於現代國家的需求無知的難以形容」。白修德說，如果盡早在戰時逼蔣介石交出領導權會更好。[18]

陶涵和芬比花了相當大的勁澄清白修德及其同僚的觀點。

陶涵的著作由哈佛大學出版社出版，鑒於一般西方人士認為我們已清楚蔣介石這號人物，它特別發人深省。正因為陶涵（芬比也是）不是為了替誰漂白，讀完他們的書後，我們覺得我們從內心了解了蔣介石，而不是透過受到史迪威的不當影響的西方記者的眼光來認識他。

陶涵承認蔣介石（和毛澤東不一樣），「沒有太多魅力，一般不受同儕輩喜歡……他是個拘謹、壓抑的人……一個沉悶、無趣的人，脾氣很壞。」更重要的是，從青年時期起，因為讀書受教的結果，他認真追求儒家精神，儒家的世界觀強調政治秩序、尊重家庭與階層體系，以及保守的安定。不論你是否承認，這個信仰系統最終在大部分的東亞以及中國得勝，為東亞區域在最近數十年帶來繁榮，甚至毛澤東和周恩來的共產主義也徹底遭到懷疑。[19]

除了儒家思想，蔣介石早年亦深受日本文化影響，他認為日本從鐵路系統、教育和生產製造，樣樣講究「紀律、效率」。日本一日千里的現代化讓蔣介石意識到，中國迫切需要肅清貪腐。但是，蔣介石在這方面遭遇到強烈抗拒，譬如國軍將領們反對蔣介石集中軍隊財務的要求。按照陶涵的說法，蔣介石很快就發覺，他必須把肅貪放下，先著重於維持文武部門……各式各樣支持者的團結與忠誠。他別無選擇。」蔣介石經常被指控容忍貪瀆，但是在他所處的軍閥時期，不容忍貪瀆的另一個選擇就是成為像毛澤東一樣的意識型態狂熱分子。

蔣介石絕對不是完人；但是他也絕不如把西方標準強加在二十世紀初紊亂的中國身上、而極力批判他的人士所認為的那樣不堪。陶涵解釋說：「狡猾和猜疑是處於蔣介石情況下成功的政治領袖常見的特質。」毫無疑問，在一九二〇年代和一九三〇年代初期的征戰中，他已建立起軍功彪炳的名聲，在沒有坦克、地圖和卡車的情況下，全國僅有少數幾條鐵路幹線，就能在數千英里長的前線調兵遣將。他運用賄賂收買以及分而治之的手法對付各路軍閥，另外他還會在日記裡自我批判，聽起來像是「口號般的新儒家式的自我砥礪」。[20]

中國在這段時期的地圖讓我們看到蔣介石所面臨的艱鉅環境以及他的相當成就：整個中原及沿海地帶遭到各路軍閥割據自立，蔣介石必須慢慢、小心翼翼地建立起穩固的控制。他在毫無外來援助下進行，這一點和毛澤東的共產黨不一樣。根據陶涵的說法，他必須撙節經費支付德國提供的武器和訓練，在他的日記或聲明中也看不到他有接受希特勒法西斯意識型態的跡象。陶涵說，在蔣介石領導下，中央政府的權力和威信是十九世紀中葉以來最強大，而且國軍部隊的文盲比例在這些年由百分之七十降為三十。芬比也附和這個說法。他指出，蔣介石的國民政府在中國部分地區崛起，「正值中國前所未有的現代化時期……思想、文學、藝術和電影俱欣欣向榮」，該政府的高壓遠遠不及日後中國共產黨的程度。芬比寫說，若無蔣介石，中國恐怕「仍將陷於軍閥時期，中國也將分裂，群雄交戰，永無寧日」。蔣介石牽制住他自己政府中的親日分子，這些人若能遂行其意志的話，可能會讓中國與日本結盟，與希特勒共謀分別從東、西方合攻蘇聯。陶涵寫說，一九三七年南京淪陷入日軍手中之後，「蔣介石發表的文告〈國軍退出南京告全國國民書〉，足可媲美二十一個月之後邱吉爾的告英國同胞書，同樣激勵人心。」[21]

史迪威完全見不及此。陶涵寫說：「在史迪威心目中，蔣介石根本沒有價值，沒有治國能力，沒有將才……對中國的現代化和福祉毫無興趣……沒有值得稱道的人性特質……對史迪威來講，是非對錯非黑即白，沒有細微差異這回事。」美國官員受到史迪威的影響，認為蔣介石想要避免和日軍作戰，以便囤存武器，留待日後與共產黨作戰，其實單是一九四一至一九四二年的緬甸戰役，蔣介石部隊已有八萬人傷亡，而當時美國在全球作戰只有三萬三千人傷亡。經歷和日本人十四年作戰，中國光是軍人傷亡即達三百萬人，其中九成是蔣介石的國軍部隊。同時，毛澤東的共產黨採行的正是蔣介石被指控的戰略：避免與日軍發生重大交戰，以便蓄積實力、日後與國民黨作戰。但即使如此，史迪威麾下的美國外交官戴維斯（John Paton Davies）和謝偉志（John Stewart Service）還是把毛澤東的共產黨說成是

「農村民主派」、「從裡到外都與美國人而非俄國人相當契合」。毛澤東先後在政府製造的飢荒和其他暴行中害死數千萬人——或許高達六千萬人——它和十三世紀的蒙古西征並列為世界歷史上第二大的人為災劫，僅次於第二次世界大戰。[22]這些外交官員和新聞記者所忽略的是，毛澤東創造群眾組織的才幹——根據芬比的說法，蔣介石不信任的正是群眾組織——使得毛澤東更能為所欲為，也讓西方訪客相當震撼。但是這個群眾組織若是轉向極權主義方向，恐怕就更加危險。[23]

蔣介石在第二次世界大戰即將結束之前所做的評估，後來經證實正確無誤。他說，毛澤東的勢力不是「農村民主派」，而「會比俄國共產黨更加共產黨」。果然，這話說了不到二十五年，中國陸續爆發大躍進和無產階級文化大革命。可是，蔣介石的國民黨部隊不符史迪威的期許，還是腐敗無能的部隊，終於被毛澤東擊潰。同情史迪威的傳記作者芭芭拉・塔克曼（Barbara Tuchman）最能掌握住蔣介石的不完美，形容他是「陰謀」大師，「為生存而治理」、不是為社會改革而治理，即使在國民黨人當中——套用一位中國學者的話——亦「無人望其項背」。塔克曼說，在美國人眼中，蔣「沒良心的程度令人髮指」，有一部分是因為他痛恨中國被當作次要戰場、大部分的援助和注意都擺在歐洲的緣故。[24]

塔克曼掌握到史迪威所不明白的重點。「國民黨的軍事改革必須從孕育它的體系改革開始。」，但是中國「不是任由西方人之手塑造的黏土」。芬比也說，史迪威的作法「彷彿他活在一個安定的民主國家中，以為一支專業化的軍隊要服膺民選政府、擋掉來自政治的干預」。其實沒有人比蔣介石本人更了解中國以及蔣的悲劇。陶涵認為蔣介石在一九四九年一月、即中共占領大陸之後寫下的自我反省「十分坦白」；蔣介石寫說：「我們處於舊制度已廢、新制度猶待建立的過渡期。」他暗示問題出在他本人經管的不團結、四分五裂的制度，而它們是軍閥時期的遺產。[25]

蔣介石於一九四九年七月來到台灣西南部，隨即宣布改造國民黨，強調開明專制，亦即獨裁，加上好的、負責任的治理。他從中國大陸帶來的國民黨特務機關，逮捕上萬名本省台灣人，槍斃上千人，這是他早期統治祭出全面鎮壓手段的一部分。同時，所有的財政事務集中在軍方手中，因而消除了許多貪瀆。甚至為了進一步杜絕貪汙，蔣介石命令銀行把所有個人及公司行號的帳戶資料統統交給稅務機關。蔣介石又推行大規模的土地改革，強調大幅降低農地地租，它立刻造福台灣人民。這只是一系列進步政策的一部分，另外還派任改革派人士出任官職。蔣介石的政策經常殘暴、強悍，但是結合了許多進步治理的實例。它們贏得美國的政治支持，願意保護台灣不受共產黨侵犯，尤其是蔣介石的土地改革計劃與毛澤東革命式的沒收土地成了鮮明對比。大躍進都還沒開始，光是一九五〇年代初期就造成一百多萬中國人喪生。之後大家才真正看清楚毛澤東的烏托邦式馬列主義信條和蔣介石的儒家思想之間差異極大：兩大獨裁政體之間的差異之大，莫過於此。[26]

蔣介石結合有紀律的鐵腕統治和開明的社會經濟政策，有他的用意。一方面他要準備好台灣以對付中國共產黨可能的入侵，另一方面他要說服美國支持台灣。一九五〇年六月，蔣介石一聽到北韓部隊越過北緯三十八度線攻進南韓的消息——這個決定得到中國大陸的支持——立刻鬆了一口氣。蔣介石曉得，毛澤東把焦點放在朝鮮半島上，台灣可以脫離險境。他的判斷正確。韓戰迫使杜魯門總統認為，保衛台灣符合美國在太平洋的最高利益。

台灣從此以後轉危為安、發達致富，終於實踐民主。同時，今天的中國愈來愈不專制，也愈來愈不集權中央，早早就把毛澤東的馬列主義丟到九霄雲外，只留個名義。毛澤東今天的作用只是民族主義的偶像。如果中國繼續此一自由化方向，與台灣打造更緊密的經濟和文化關係，蔣介石說不定會一躍而為比毛澤東還更重要的歷史人物。

第八章

南海：權力的戰場

真正的問題不是「中國能在海、空戰爭中擊敗美國嗎？」這個問題的答案是否定的，在可預見的未來，這不會發生。該問的問題是「中國能否部署不對稱的海、空力量，破壞美國獨霸西太平洋的氣氛？」答案是，非常有可能。

北京的世界觀

我在一座結冰的湖邊，穿過北京的霧霾，仍可看到遠處的灰色亭閣和上捲的屋簷。空氣中有著燒炭的怪異香味。我走進一家傳統的茶館，裡頭滿是陶瓷器、中國畫、菩提木家具和一張巨大的紅色土耳其地毯。換句話說，我走進一個高雅、傳統美學的世界：見過世面的全球菁英會有賓至如歸感覺的世界。這是從昂貴的畫冊書頁上看到的中國。我的同伴們是北京一家國際知名外交政策研究機關的人員。氣氛很融洽。我們各有不同的地緣政治立場，但文化背景差異不大。因為我們大家教育背景近似，全都經常訪問彼此的國家，也因此全都懂得折衷、妥協。我們大家都擔心北韓政局是否穩定，中、美兩大經濟體的走向等等。我們談到如何才能讓中、美兩國海軍緊密合作。這場聚會提醒我，美、中關係發展得有多麼多采多姿。數以百萬計的美國人、中國人已參訪過彼此的國家，數萬名美國生意人曾至北京和上海經商。中國政治菁英送他們子女到美國大學深造。這個情況和美、蘇之間的冷戰大不相同。當年我走在東歐國家的首都，只是個孤零零的老美。「圍堵」是上一個時代的字詞，我告訴自己，它已經完全不適合美國對中國的態度。

當天晚上，我來到中國首都另一個地方。我沒待在清幽雅致的地方，我來到人聲鼎沸、五光十色的一家新旅館。這裡有太多假金飾和塑膠製品。我和中國共產黨一家外交政策智庫的兩個成員一道吃晚飯。他們的衣著不得體，必須透過譯員講話。他們告訴我，日本國民性格從珍珠港事變以來，一直沒有改變。他們替中國為囊括整個南海主權所提出的九段線辯護。他們宣稱中國海軍有權保護它跨印度洋到中東的海上交通線。他們告訴我，越南人不講理。等到我對他們簡明扼要說明我有多麼了解西方列強及日本在十九世紀末、二十世紀初欺凌中國、侵犯領土主權之後，他們才轉而對我和顏悅色。是的，冷戰的氛圍又復活了。

儘管今天的美、中關係與冷戰時期的美、蘇關係大不相同，中、美兩國仍是在西太平洋利益交互衝突的兩個大國；而我們在北京的大學和研究機關遇見的專家固然通情達理，但他們並非當權派，後者則不是那麼有彈性。當然，情形比這還更複雜。即使在中國海軍內部，雖有強硬派，也有相當不少的人持溫和主張。[1]北京的確意見相當分歧。然而，整個北京城氾濫著一股意識：**中國處於守勢，但美國卻咄咄逼人**。南海是爭議的重點。不管是北京的強硬派或溫和派都一樣，他們對於中國過去如何遭西方列強欺凌，已經深刻內化，因此認為南海是國內議題，是中國領土的遠洋延伸。有一天晚上，我為中國學生主持一場研討會，有個害羞的年輕人、怯生生地問：「為什麼美國以霸權對待我們的和諧和友善？在中國崛起的過程中，美國的霸權必然會導致混亂！」

這大略類似天朝心態，在這種心態下，中國必須鞏固自己以防夷狄之患。沒錯，南海及其周圍是中國的近鄰，過去曾遭西方大國欺凌，如今中國不過是溫和地重申它既有的權利。美國遠渡重洋從半個地球之外來到此地，尋求繼續干預南海事務，顯然就是霸權派頭。印度洋的情況也一樣，中國在印度洋有正當的商業和地緣政治利益，而美國的利益就是霸權的。北京的思維是，美國「企圖掐住亞洲，目中無人地到處投射它的巨大力量」。由於華府被看成在南海「麻煩製造者」，因此該被「嚇阻」的是美國，不是中國。[2] 畢竟中國以儒家文化為基礎，制訂了一套朝貢制度，規範數百年來的東亞國際關係，比起歐洲的權力平衡制度要更加和諧、少有戰爭。因此，就維持和平這一點而言，西方和美國沒什麼東西可以教中國。[3]

這是從不同的地理認知得出的不同的世界觀，可能無解。

於是乎，我們又回到圍堵。這是一個錯誤的詞，但很不幸地它卻道出了重大真相：由於在地理上中國對亞洲至為重要，它的軍事和經濟力量必須受到遏止，以便維護亞洲的其他小國、美國的盟友們的獨立。說穿了，這就是圍堵。北京外交部一位自信、務實的官員完全明白此一兩難，他半警告我：「別讓這些小國家（越南、菲律賓等……）操縱你。」中國了解力量，因此它了解美國的力量。但是它不會容忍一群小國串同美國，組成同盟來對抗它：以中國過去兩百年的歷史經驗來講，這是不能接受的。至於九段線，北京有位大學教授告訴我：本地政府及外交、國防政策研究機構的聰明人知道，到頭來勢必需要有某種妥協，但是他們需要有個政治策略說服國內民眾接受這樣的妥協，因為民眾極富民族情感。另一方面，中方也凸出強調九段線，成立一個地級市，涵蓋南海兩百萬平方公里面積中的兩百個島礁，並產生四十五名人大代表。

事實上，我在旅館裡碰見的那兩個共產黨幹部，或許就代表今天中國「低卡路里」版的民族主義。如果中國共產黨因為民主化、社會經濟動盪，以及泡沫化、債台高築的國內經濟而衰弱或分裂，它們就會如野火般擴散。沒有人能預測未來，但是往民主過渡的早期階段，經常會使民族主義浮現，除非民主化發生在先行建立的資產階級傳統後面，有如前華沙公約的中歐；或是發生在國家完全戰敗並被占領之後，有如後第二次世界大戰的德國和日本，他們極端的民族主義已經完全失去正當性。歷史上很少有先例是去專制的同時也減少民族主義情緒的，中國也不太可能是例外。北京目前這一夥呆板、技術型的集體領導領袖，或許是中國歷來在外交政策領域最理性的一群人。

當然，若是共產黨主政下過去三十五年的經濟躍進會創造出更複雜的社會，並需要迫切的改革和新體制，而一黨制的國家機關又無法提供，那中國可能將陷入持續動亂之中。但是，國內不安及經濟僵局，可未必就等於中國在近鄰海域會立場軟弱。英國《金融時報》專欄作家吉迪恩・拉赫曼（Gideon Rachman）曾說，中國的樂觀派和悲觀派可能都對：中國的國內動亂或許反倒會強化中國的力量，有點類似美國南北戰爭的大破大立，使美國可以領導工業世界。[4]中國肯定將會有重大變化。偶像會被打碎，然後重造。毛澤東的巨大肖像掛在紫禁城入口，是因為儘管他殺害了六千萬條人命，他也在一個世紀的帝國衰退和內戰之後統一了中國。因此，中國的民族主義分子對他心服。中國國內對毛澤東還未展開辯論。但是不論未來辯論的結果如何，它可能和中國朝向大國之路的政治發展，形成不可分割的關係。在中國將進一步整合進入二十一世紀全球文明之際，千萬別低估中國對自己巨大的地理力量此一歷史觀點。

一七五四年，遠在南海極南端的爪哇王上表北京，要求將其國土正式併入中國，其子民得為大清之臣民。但是，大清乾隆皇帝回答說無此必要，因為至少在他眼裡，爪哇的土地、子民早在天朝澤被之下。[5]因此之故，從中國長久以來的觀點看，北京主宰南海，甚至是爪哇海，也是很自然的一件事。

南海的自然狀態

亞里斯多德有一句話很有莎士比亞風味。他說，衝突「不是為了小事，但卻因小事而起」。[6]權利主張和意外事件，不論在外人眼裡是多麼微不足道，它們若是涉及到當權派的重大利益，是會導致戰爭的。中國十二世紀的宋朝、越南十七世紀的阮朝，都有檔案提到南沙群島，這一事實增強了中國和越南對這些大多數沒有淡水的荒島的權利主張：而這些主張兩國在將來的某天可能願意以武力要求實現。美國著名的現實主義派、已故的哥倫比亞大學教授肯尼士．華爾茲（Kenneth N. Waltz）表示：「戰爭是正常的。」華爾茲又說，相互依存雖是全球化的同義詞，也可能引起更多戰爭，因為即使是志同道合的人，當他們的事務密切交織在一起，偶爾也會陷入衝突。甚且，「在自然狀態下，根本沒有所謂不義的戰爭。」[7]南海反映出來的就是一種自然的無政府狀態，當中各個國家的法律主張相互牴觸矛盾，因此根本沒有什麼合作的空間。權力計算，簡單說就是海軍艦艇的活動，成了不同國家互動的依據。這並不是說戰爭將在南海爆發，或甚至是它即將要爆發。但是它的確意味戰爭在南海仍有可能性，所有的區域強權對此都必須小心提防。

要緩和自然狀態，需要新的安全秩序。馬基維利的《君王論》和《論李維》（*Discourse on Livy*）告訴我們，創造新秩序是政治上最困難的事。[8]美國在西太平洋海域軍事單極主義的舊秩序，確實在逐漸消退。另一方面，即使華府並未簽署一九八二年《聯合國海洋法公約》，美國卻要求以國際法律規範為基礎來建立新秩序，並以它的軍艦來強制執行。但是，在美國軍艦主導的國際秩序之外，已經成為本區域最強大國家的中國，卻要求另外一套區域性秩序，而將會傾權力推動。由於中國海軍力量持續成長，情勢難以捉摸。

法律爭議

南海地圖的確是地緣政治的經典文件，在此地緣政治連同地理，對人類造成影響。[9]這是一片相當淺的水域，在這兒開採能源的障礙是政治因素，並非技術因素。它是地圖上衝突的象徵，這個事實並沒有減損它的魅力。地圖清清楚楚地指出，這一大片空間密布著船隻和航運線：每年有六萬艘船隻經過麻六甲海峽，包括油輪載運一百三十億桶以上的石油。[10]許多有爭議的地方，它們淒涼的名字來自於沉沒在這些島嶼、暗礁、沙洲附近的船隻。所有這些島嶼、岩塊——有許多在漲潮時即淹沒在水底——以及所有代表各種主權主張的界線，讓這張地圖實在令人眼花撩亂。光是南沙群島就有一百五十個島礁，其中只有四十八個始終露出水面。[11]沒錯，各國權利主張紛至沓來，而且經常相互重疊，因此要想徹底解決幾乎不可能，比較實際的解決辦法是維持一種有利於各方的現狀，這樣大家才好在人口一再增長、能源價格持續攀高之下的時代，能夠進行石油及天然氣的探勘與開採。但是說很容易，實行很難。譬如，菲律賓的馬蘭帕亞（Malampaya）和卡馬戈（Camago）天然氣田位於中國聲稱享有主權的水域。越南和中國對於越南海岸外未開發的一些能源地帶都主張握有主權。中國已宣布在中、越有爭執的西沙群島附近海床發現可能的天然氣新地帶。*類似爭議層出不窮。[12]

* 譯注：二〇一四年春，中國派出海上探勘平台到西沙作業，中、越局勢劍拔弩張，五月份越南爆發反華風波，打砸搶華人，波及台商，迄今台商仍未恢復元氣。

當然，南海碳氫化合物的重要性不應該被過度高估。南海的蘊藏量不可能足以填補中國的國內生產無法滿足快速成長的需求所留下的空洞；它們也不會讓台灣改頭換面，變成能源出口國家。不論越南、馬來西亞和菲律賓能從海床挖出多少石油和天然氣，它們仍然還會是能源進口國家。汶萊則早已是很大的石油淨出口國家。因此，宏觀地來看本地區的能源問題，情勢不會有太大改變。南海的重要性上升，不太會是因為它有大量的碳氫化合物資源，反而是因為有愈來愈大量的進口石油和天然瓦斯要經過本地的航線。[13]

但是，關係重大的倒不只是石油和天然氣。南海漁業資源豐富，全球十分之一的漁獲量來自本地區。[14]中國漁船在中國漁業局船隻陪同下，在係爭海域作業，以便堅持中國對南海有管轄權。[15]

縱使如此，儘管有以上種種疑難和挑釁，這些水域的法律問題多多少少可以簡化：只要盯著地圖瞧久了，某些基本事實會浮現出來。

這齣戲的主軸環繞著自古以來對三個群島的主權主張：北邊的東沙群島、西北邊的西沙群島和東南邊的南沙群島。中國主張對東沙擁有主權，可是東沙由台灣控制著。但無論如何這些島礁都屬於華人，所以爭議不大。中國和台灣實際上對南海在相當程度上，意見相近，只不過中國不承認台灣有權主張，因為北京並不認為台灣是個國家；因此兩岸的爭議其實不在南海，而在台灣脫離中國而實質獨立這個問題。

越南對西沙群島有強烈的權利主張，但是西沙群島的西部在越戰即將結束時的一九七四年，中國即從岌岌可危的西貢政府手中占領了它。中國和越南實際上已經解決它們在東京灣的爭端；有一部分原因是為了宣示中、越共產黨的團結及務實考量。但是針對西沙群島及其他地方的爭議，使得中、越之爭成為南海衝突的重心。

接下來是南沙群島，菲律賓在一九五〇年代後才對它提出主張，認為它在所謂卡拉揚島群之內這塊多角形區域具有主權。附近的禮樂灘完全淹沒在水底下，但是菲律賓人深信此一地區蘊藏大量石油和天然氣，強烈主張主權。中國人私底下尊重越南對西沙群島的權利主張，但並不欣賞菲律賓人在南沙群島的作為。越南是強悍、身經百戰的戰士國家，菲律賓卻是半失敗的政體，制度腐朽，軍隊更腐朽，中國人對此一清二楚。即使如此，中國必須克制自己不侵犯菲律賓，因為菲律賓是美國的條約盟國。

越南、馬來西亞和汶萊也都對南沙群島某些島礁提出權利主張。不過，馬來西亞在一九七九年才印行它的地圖。直到二〇〇九年，整齣戲都在講誰擁有哪些島嶼。接下來，越南和馬來西亞聯名向國際組織提出超出其專屬經濟區以外的權利主張——依據一九八二年《聯合國海洋法公約》的規定，一個國家從其海岸外推兩百英里是它的專屬經濟區。但是，《海洋法公約》其實涉及到陸地，不只是海洋，因為依據公約，你的權利主張是以海岸線位置而定。有土地才有海洋——這是《海洋法公約》的基本原則。你的海岸線讓你往海洋外推兩百英里，若涉及大陸棚，還可再多一點。但是如果只是擁有島嶼，海域就只能往外延伸十二英里。譬如，汶萊位於婆羅洲西北部，海岸線不足五十英里，它對朝越南方向、幾乎在南海半路中的南通礁和南薇灘，宣稱擁有主權。越南和馬來西亞也依法提出權利主張，你猜是什麼狀況？南沙群島不是中國的了，它歸入越南和馬來西亞的專屬經濟區；更不用提什麼菲律賓和汶萊的專屬經濟區了。《海洋法公約》只讓中國的權利及於東沙和西沙群島，不及於南沙，而大家都認為南沙附近能源蘊藏量最大。至於西沙群島，中國與難纏的越南的鬥爭可能注定會失敗，越南的主張可能更站得住腳。

換句話說，如果端出《海洋法公約》，中國的九段線突然就沒什麼法律意義了。由於這些沿海國家的地理位置特性，每個國家的專屬經濟區都擁有靠近海岸的淺灘列島，而這些區域都被認為蘊藏能源，只有中國例外。中國的專屬經濟區從中國的海岸線往西南延伸，除了東沙群島、中沙群島和黃岩島，深海之外就再也沒什麼了。

中國人宣稱他們具有昭彰載之史冊的歷史權利，《海洋法公約》是一九八二年才成立，因此不足為憑。（中國雖然於一九九六年批准《海洋法公約》，並沒有真正遵守它；而美國雖遵守，並沒有批准。）二〇〇九年，中國官方首度推出九段線的地圖，開始干預其他國家的調查船。二〇一一年，中國向聯合國提案，實質上是對南沙群島每個島礁環圍提出兩百海里的權利主張。[16]突然間，這樣的主張，加上中國軍力持續擴大，使得人人害怕中國大國崛起。

美國也涉入其中，因為它想要維持有法有據的秩序，並鞏固航行自由，不讓九段線來威脅大局。事實上，中國真正讓美國傷腦筋的是，它在南海西北角的海南島擴建潛艦基地，它是最新型的柴電潛艦，以及核子彈道飛彈潛艦的母港。大部分是為了這個基地，也因為中國部署愈來愈多的潛艦，威脅到美國在本地區的既有力量，美國以強化它和這些小型沿海國家的關係作為回應，並在二〇一〇年表示願意調停這些棘手的海上爭端。二〇一一年，美國宣布其戰略重心由中東轉到太平洋。[17]美國擔心的不是中國購買軍事武器、或中國質問法律秩序，美國擔心的是兩者雙管齊下。

往好的一面看，有位本地區的法律專家告訴我，即使不能完全解決爭端，還是有可能達成各種協議以緩和局勢。譬如，可以給予中國在南海中央深水地區廣大的捕魚權，以交換它在九段線以及專屬經濟區問題上的退讓。真正的問題是，除了馬來西亞稍微好一點之外，每一方在提出權利主張時，都在玩弄國內政治。現在每個國家的民族主義分子都給煽動起來了，要達成妥協就難上加難。如果你把南海問題各式各樣的爭端交給本地區的專家和菁英去處理，比起讓一大堆老百姓依民主程序去解決，會有更好的機會得到解決，因為群眾太容易受情緒影響。我們再提一句亞里斯多德的話，他說：「法律是沒有欲念的理智。」[18]由於群眾有「欲念」，如果他們不參與其中，和平比較有可能維持。

權力平衡

但是，即使有了法律，即使中國願意接受《海洋法公約》，即使美國肯簽署公約，和平終究還得靠權力平衡來維持。

如果亞洲國家本身能幫忙平衡一下崛起中的中國軍事力量，不要一面倒地依賴美國，美、中關係，這個全世界最重要的雙邊關係，就能更健康。這方面最明顯的機制就是強化過後的東協。坦白說，東協還不到歐盟的整合程度；歐盟是以共同的政府形式——民主——統一起來，賦予它理論上與實務上的存在依據。甚且，中國也有能力在東協內部製造分裂。縱使如此，數十年下來，由於中國崛起所構成的挑戰，也因為東協個別成員國本身自己逐漸精進的官僚機制，既有民主政體也有半民主政體的東協終於逐漸整合起來，有史以來首度能夠投射力量。東協合計六億人口，GDP總產值一兆七千億美元，超過印度的GDP（二十年之內，印度將成為全世界人口最大的國家）。[19]

歐盟在冷戰結束後頭二十年，臻至團結及力量投射能力的極致，東協恐怕無法辦到這一點。但是，美、中關係也不會像當年的美、蘇關係那麼緊張和充滿意識型態的敵意。中國和美國明顯有非常不同的戰略方向。由於中國仍像個崛起中的軍事大國，它會特別莽撞。儘管如此，我們仍可期望海洋亞洲，尤其是南海，在二十一世紀能出現遠比二十世紀的大陸歐洲更細緻的權力平衡安排。因為，我再次重述，除了美國在日本及南韓已經逐漸減少的地面部隊之外，戰場將在海上，而非陸地，因此衝突的機會將降低不少。

縱使如此，吾人當謹記，本地區各國海軍兵力的上升態勢代表海上活動會增多，也會升高意外的風險，甚至導致戰爭。

美國和東協不會是牽制中國崛起的唯一楔子：亞洲國家本身彼此之間，加上西太平洋和印度洋邊緣地帶的沿線航路，也會出現新的雙邊關係網絡。本地區在二〇〇九年至二〇一一年期間，已經簽訂了至少十九個防務協定。越南特別成為一整套新夥伴關係的中心，河內與印度、南韓、日本、菲律賓、馬來西亞、新加坡、印尼和澳大利亞全都建立聯結。[20]許多這些國家彼此之間也都做了類似的安排。這樣的發展若能得到強化，美國提供本地區共同安全的負擔就會更輕。

然而，華府不應該存有幻想。所有這些國家，除了南韓、日本和澳大利亞之外，缺乏作戰能力來對愈來愈強大的中國軍隊發動實質的挑戰。即使這三個國家的軍隊也及不上美軍的作戰能力。再者，也只有澳大利亞及越南在最近幾十年有過實際作戰經驗。尤有甚者，中國在其空中、海上和網路領域的軍事力量上揚後，它將不顧鄰國反對，尋求「更全面執行」它在海上的權利。[21]

因此之故，美國可以減低它在西太平洋的承諾，聽任本地國家本身多負起責任，這種想法或許就長期而言可行，但不會在短期內實現。美國若在短期內減弱它對本地區的承諾，或許會造成中國周邊國家的膽寒，甚至群起投向中國。由於這過程將會是偷偷摸摸進行的、見不得光，因此特別的危險，不值得冒偌大風險。由於國際關係學者中不僅是自由派、新保守派，還有傳統的現實主義者（如離岸平衡者），都認為美國在東半球維持權力平衡相當重要，任由北京接管大半個地球的作法是不負責任的。

還有一件事。假設中國不因其內部經濟危機而全面或部分崩潰，如今美國大幅削減海、空兵力，進而傷及它維護區域穩定的力量，將會造成中國與印度、中國與俄國等國家，彼此更具侵略性。此時日本、南韓和越南等國家也可能會投靠中國。那情況就慘了，即使它不致造成徹底的敵對，對世界金融市場也會有負面衝擊。在這個劇本裡，套用學者羅伯・卡根（Robert Kagan）的用語，「美國締造的世界」（the world America made）將會被大大地重創。[22]

事實上，卡根也希望情況會恰恰相反。美國一打左右的航空母艦戰鬥群大約半數名義上派在太平洋，不過其中有兩個戰鬥群近年都常態地在波斯灣執行任務。美國海軍對中國保有的優勢依然極大。試算一下：相對於美國名義上在太平洋有六個航空母艦戰鬥群，中國可能只有一個。美國在本地區有十二艘可發射戰斧巡弋飛彈的巡洋艦，中國是零。美國在本地區有二十九艘同樣戰力的驅逐艦，中國有八艘先進的驅逐艦。但是，我在本書前面章節說過，中國正在急起直追。到了下一個十年的後半期，它在西太平洋的軍艦數量將超過美國海軍。而且它在海軍的重要領域，即重要性與日俱增的水下作戰，也在急起直追。就潛艦艦隊數量而言，中國要追平美國的話，還有兩方面要探討。第一，中國至少還需要另一個世代的時間培訓人員，才能以可以挑戰美國水兵的技能操作水底平台。第二，中國「熟悉」南海及東海非常淺的水域，有助於彌補此一劣勢。駐在布魯塞爾的海軍專家強納森·霍爾斯拉格（Jonathan Holslag）寫說：「複雜的地熱層、潮水的聲響和河水的灌入，使得要偵測預先已進駐的潛艇非常困難。」他又說，中國的「傳統柴電潛艇在這種環境航行十分理想，除了新式的維吉尼亞級以外，舊式的美國或日本潛艇沒有在這帶地區作業所需的精細的偵測能力」。甚且，中國有可能以大規模的海上布雷來搭配其潛艦，讓美國海軍不易作業。[23]這還不說中國的民間船隊事實上有如軍艦的助手。譬如，光是二〇一三年一年，北京的海監部門將增添三十六艘新船。[24]

中國的終極戰術目標是，說服美國海軍在戰時不進入台灣海峽，阻撓美國防衛台灣的能力。這要藉由在靠近台灣的淺水區部署安靜的傳統潛艦，以及大批的小型水面作戰船隻來完成。[25]真正的問題不是「中國能在海、空戰爭中擊敗美國嗎？」這個問題的答案是否定的，在可預見的未來，這不會發生。該問的問題是「中國能否部署不對稱的海、空力量，破壞美國獨霸西太平洋的氣氛？」答案是，非常有可能。

但是，中國光靠在海上部署精銳、高科技不對稱力量還不夠，也需要有建立一支遠洋海軍的決心。截至二〇一〇年底，中國海軍已經六度走出亞洲大陸外緣的第一島鏈，進入太平洋大海。[26]二〇〇一年，芝加哥大學政治學教授米爾斯海默出版《大國政治的悲劇》一書時，他認為中國將和歷史上崛起的大部分國家一樣，透過政治和軍事方式追求大國地位，當時中國的海、空軍兵力只及今天的九牛一毛。現在，似乎只有中國境內發生重大的經濟動亂與社會動亂，且大到會使它的國防支出停止增長，才有可能推翻米爾斯海默的理論。

縱使如此，它不必定會導致戰爭。麻省理工學院政治學教授傅泰林（M. Taylor Fravel）解釋說，中國努力擴充軍備很弔詭地意味中國可以等待，不必急著動用武力。[28]年復一年，中國的海軍地位會越來越強。北京的目標不是戰爭，而是調整其整體武力，以強化它的地緣政治力量和威望。

如果中國經濟崩潰……

但是，假如嚴重的經濟危機的確引爆中國軍事採購下降，或至少不再陡峭攀升，局面又會如何？這也是必須嚴肅思考的。

的確，為了舒緩民眾對民不聊生、生計無望的憤怒，中國領導人或許會為了政治考量，要求軍方犧牲小我。長久下來，這會動搖歐亞大陸海上秩序，只不過還不致於像柏林圍牆崩塌撼動到歐洲大陸秩序那麼嚴重。

儘管伊拉克和阿富汗戰爭的慘痛教訓，儘管美國軍事預算緊縮，只要中國國防預算持續拮据，從日本海到波斯灣的「美國的和平」（Pax Americana）就將重振聲威。美國海軍將會像二次大戰剛結束時那樣，馳騁四海。日本因為將持續現代化它的空軍和海軍（日本海軍已經比英國皇家海軍強上好幾倍），將崛起成為亞洲強大的海、空強權。未來由首爾號令的統一的韓國，也會是同樣狀況，假如中國轉弱，韓國將是日本的首要對手，而美國會在兩國之間維持和平。

中國動盪將會遲緩台灣向大陸的經濟整合。目前中國大陸有那麼多彈道飛彈瞄準台灣，而兩個中國之間每週又有那麼多商業班機往來，美國對台軍事援助愈來愈不是以防衛台灣為目標，而是以推遲兩岸不可避免的統一為目標。但是，北京若是長久陷於經濟蕭條和政治危機，統一可能就遙遙無期。在這種情況下比較可能的劇本將是，中國將分裂成民主化程度各異的區域政權，與北京的關係也或遠或近。只要美國的國防預算沒有砍得太過頭的話，這也會導致「美國的和平」重現。

如果中國的經濟危機沒有那麼嚴重影響到它的軍事採購，又會是什麼狀況？屆時南海將成為美國從地緣政治上逐步式微的效應感受最深的地方。如果美國國防預算大規模削減，中國地理位置的居中，它的經濟力量，加上海、空軍兵力萌生，將使得越南、馬來西亞、菲律賓和新加坡多多少少芬蘭化。但中國若是內部動亂，加上美國國防預算只是微幅削減，沒有從根本上影響美國的太平洋兵力，卻可以釋放出相反的效應。得到美國繼續駐軍的壯膽，加上中國軍事不是那麼占上風，新加坡和澳大利亞等已經投資相對於其人口極龐大金額於武器的國家，會崛起為亞洲的小以色列。同時，越南因其人口大過土耳其、伊朗，又掌握南海的西側海岸，若是北京的區域力量放鬆、越南的經濟也能發展的話，越南可以憑本身實力壯大為中型強國。

中國若是癱瘓而無法控制住它內部的少數民族的話，印度會像越南和台灣一樣，受益最大。在鄰接印度次大陸的西藏高原上，藏族將蠢蠢欲動。中國對印度北部邊疆的威脅將因此消失，甚至使得印度在對尼泊爾、孟加拉、斯里蘭卡和緬甸等國家（它們全是印度與中國悄悄進行大國博弈的棋子）的雙邊關係上，施展更大的外交影響力。緬甸自古以來即是印度和中國的文化、政治影響力重疊的地方。雖然中國在最近數十年是緬甸最強大的外來經濟勢力，在二次世界大戰之前，來自印度的經濟掮客是仰光主要的經濟支柱之一。一旦中國政治有部分的崩潰，印度對緬甸的控制就會急遽上升。以緬甸具備極豐富的天然氣、煤、鋅、銅、寶石、木材和水力資源來講，這轉變會有重大的地緣政治影響。它會讓印度海軍更容易進入南海。古代越南印度化的占婆文明之光輝，將在二十一世紀的戰略對抗中再現光芒。

中國若是出現經濟崩潰，以上在理論上全都有可能發生。然而，現在我必須回到寫作本書之時的狀況。

修昔底德斯寫說，伯羅奔尼撒戰爭「真實的起因」是雅典海權的崛起，以及「斯巴達對它的警戒心」。[29]的確，戰爭經常起於似乎毫無關聯的小事，譬如，為無人居住的小島開戰。因此，中國海權的崛起不應掉以輕心。雅典或許是個民主國家，而中國或許沒有征服他人的動機。可是，在人類歷史上，新的大國崛起總是會改變國際秩序的「現狀」，並引發敵對的危機。儘管中國的軍事崛起完全合情合理（中國並不是如宗教治國的伊朗那樣的流氓國家），並沒有差別，中國的海、空軍增購武器已在改變區域的權力平衡，這本身就是不穩定的因素。當然，現狀並不是神聖不可侵犯。我們知道，歷史是動態的。而且現狀可能是不公平的，應該要改變。事實上，往往也因為現狀有重大改變，戰爭就爆發了。

史瓦士摩爾學院（Swarthmore College）政治學教授詹姆斯．庫爾斯（James Kurth）寫說，當中國在西太平洋的海軍地位上升、並逐漸改變現狀，美、中之間將為了西太平洋及鄰近的印度洋之地緣政治命運，展開「包羅萬象、曠日費時的談判。最後，不可踐踏的紅線、明確的門檻，以及以牙還牙、以眼還眼的報復機制會慢慢成形，並以此建立清晰、有效的相互嚇阻體系。」[30]

我們在近年已看到此一過程的開端。二〇一一年，美國國務卿希拉蕊・柯林頓（Hillary Clinton）宣布「重返」亞洲。同時，國防部長李昂・潘內達（Leon Panetta）也宣稱，五角大廈的預算削減不至於犧牲美軍在太平洋的地位。兩者都是強烈的訊息，顯示面對中國軍事崛起，美國決心維持、甚至或許強化美國的海、空軍力。同時，歐巴馬總統也在二〇一一年宣布，美國將開始在澳大利亞北部及西部、靠近西太平洋和印度洋交會之處的軍事基地輪調兩千五百名陸戰隊，加上於附近的新加坡派駐新的濱海作戰艦——證明美國希望在兩洋部署兵力，而非只集中在一洋上。這樣子大中東和東亞的海上安全體系，才會開始併入一個大地理區，結合起歐亞大陸南側的邊緣地帶。此戰略規劃的立即後果是把南亞帶進以南海為中心的衝突體系。我們莫忘記，戰爭的先進科技壓縮了距離。今後，印度—太平洋這個字詞將會更常用到。美國企業研究所（American Enterprise Institute）學者麥可・歐世林（Michael Auslin）寫說：「從地圖上抽象地來看，這一新的戰略安排可以看作是一套『同心雙三角』。外側大三角連結日本、南韓、印度和澳大利亞；內側小三角連結印尼、馬來西亞、新加坡和越南。」[31]此旨在制衡中國的新興亞洲國家網絡將連結印度與越南等國家，締造「強大的戰略夥伴關係」。[32]

現在讓我們仔細瞧瞧大地圖。二〇五〇年，全球九十億人口當中將近七十億人大多將住在東亞、東南亞、南亞、中東和東非等地。這個全球人口的心臟地帶的海上組織原則是大印度洋，以及西太平洋。這個地圖以大海將歐亞大陸聯合起來，假設北方以俄羅斯為主的歐亞大陸海岸線一年當中有相當長時間仍然冰封或部分冰封。從非洲之角跨過印度洋，繞經印尼各群島，北上日本海，形成了一個海上世界。而印度次大陸、日本和澳大利亞是這張地圖的外圍，南海各國構成內線或其戰略核心。南海就是二十一世紀的中歐。

南海，不論是處於和平或戰爭，提供人們一種想像，想像世界現在是什麼模樣、以及未來它會變成什麼模樣。它是一個神經緊繃的世界，擠滿了軍艦和油輪，氣氛詭譎、劍拔弩張，但卻不必然引爆真正的戰爭。在這個世界，南海地區的領頭羊越南，它所採取的行動可以影響到北京及華府最高的國家決策。在這個世界，海上拒止比起海上控制代價較低，也較易達成，因此像中國和印度這樣較弱的海權國家，或許有能力牽制像美國這樣強國的野心，並且潛艦、水雷和陸基飛彈或許可以結合起來，阻撓航空母艦及其他大型水面軍艦的運用。[33]在這個世界，美國官員只是期望要持續主宰這片水域是不夠的，因為他們必須準備在某個程度內，允許崛起中的中國海軍承擔其合適的地位，作為本地區最大在地強權之代表。沒錯，美國必須捍衛海上的國際法律規範體系，以堅強的實力來支撐它。但是，美國想要像冷戰與其剛結束的時代那樣一言九鼎、獨霸一方，已經不可能了。一個更不安、更複雜的世界等著我們。

尾聲／婆羅洲的貧民窟

中國國力相對轉弱，加上馬來西亞、菲律賓和印尼中央勢力更加式微，
或許會引爆海盜肆虐、難民流竄。
即使美國海、空軍依然在本地區獨霸，也獨木難撐頹勢。
換句話說，別以為南海地區必然向一個方向發展。

宗教、種族、國家

綠油油的森林被泥濘、彎曲的河流穿過；長滿樹木的山嶺蜷伏在烏雲下；碧綠的大海反射著天空：整個景象像是備受禁錮之苦。靠近北婆羅洲的亞庇（Kota Kinabalu）——英國殖民時代舊名哲斯頓城（Jesselton）*——儘管雜亂無章，給人從叢林中闢地而建的感覺。野草掩蓋許多人行道；石牆因為經年累月的雨漬已經變黑；破舊的陽台塞滿水桶、塑膠椅和曬衣線。從馬來半島光鮮亮麗、後現代主義的首都吉隆坡，來到東馬沙巴州這個首府，立刻感受到它襤褸的、粉白色水泥外牆給人褪色的黑白色彩。在馬來半島上，馬來西亞這個國家因為種族多元，顯得豐富、活潑，可是偏遠的東馬，與半島被印尼領海隔開，關於**馬來西亞**的概念似乎很稀薄、微乎其微。

我到馬來西亞的沙巴州，是要訪問兩艘鮋魚（Scorpene）級柴電動力潛艦泊靠的海軍基地。兩艘潛艦以此為母港，是為了宣示馬來西亞決心保衛南海的東南角，對抗中國、越南和菲律賓的海上霸凌。可是，我申請採訪海軍基地，沒得到批准。

我在一位馬來西亞朋友幫忙下，付給一隻小舢舨的年輕船主相當四十五美元的錢，請他帶我從亞庇渡過海灣，到鄰近加雅島（Gaya）的一個水上村莊（*kampung air*）。這座水上村莊是搭在高架木柱上的大片貧民窟，從島嶼邊緣往搖晃的大海延伸出去。

大雜院似的木屋和巷道，用廉價的木頭和浪板鐵皮搭蓋，架在從水中挺出的枯樹幹上。到處都是半裸著身體的小孩，一副快要從狹窄、破爛，但貫串連起各個住家的木板上跌下水的模樣。這座上千戶住家的水上營房還有一座漆了金色油漆屋頂、用鐵皮搭起的清真寺。這些人絕大多數是來自蘇祿群島——伊斯蘭叛軍肆虐的菲律賓最南端——的菲律賓穆斯林非法移民。叛變是因為首都馬尼拉腐敗的羅馬天主教徒中央政府未能適當治理偏遠地區族群所引起。

這些人以當漁民、營建工人以及馬來西亞人都不幹的工作為生。颱風和火災不時肆虐，甚至摧毀他們的家園。但是，這些移民很快就把它們重建起來，而且還有更多貧窮的菲律賓人不斷前來。沙巴人口約四分之一是非法移民。馬來西亞海岸巡防署一位將官後來告訴我，從菲律賓最南端的島，坐摩托船到馬來西亞最北邊的島，只要七分鐘。

* 譯注：中文舊稱「哥打京那巴魯」，馬來文意即「神山之城」。

這位將領接下來告訴我南海的另一個真實狀況：這個水上村莊是通向疾病、海盜和走私世界的窗口。南海地區各國海軍忙著二十一世紀的強權戰略棋局，以及彼此重疊、糾葛不清的遠洋領海之爭，可是海岸巡防隊處理的卻是現代國家存在之前的十九世紀世界——穆斯林民族就住在菲律賓南部、馬來西亞和印尼這一片無分畛域的世界裡。馬來人和爪哇人穿梭往來於東印度群島的前英國及荷蘭帝國之間。（由於其馬來族群的叛變，泰國南部也是這個穆斯林世界的一部分。）

拜地理方便之助，全球伊斯蘭——不容否認的一股全球化勢力——正在北婆羅洲此地侵蝕馬來西亞這個民族國家，同時馬來半島那頭卻努力建立強大的國家體制（這是馬哈迪的威權統治的產品）。當然，馬哈迪代表全球伊斯蘭的一種政治和意識型態形式。問題在於，伊斯蘭在此地要如何布局：是要作為現代國家建設的一股力量、還是作為會顛覆現代國家的跨國難民運動的力量？

沙巴是南海地區上沒有人討論中國威脅的一個地方，這裡大家只關心非法移民。有位原住民基督徒（他的祖先經羅馬天主教神父施洗，皈依為基督徒），指著海灣另一頭的穆斯林水上村莊說：「他們是我們一切問題的源頭。」這位先生是本地一位知名政客，和一些朋友圍坐在一張長木桌四周；他們都是卡達山（Kadazan）和杜順（Dusun）部落的原住民，雖然是沙巴本地人，人口數卻比非法移民還要少。這裡沒有馬來半島和南海其他地區的高級購物中心和七彩玻璃，在我四周的是溫馨的耶穌基督和聖母瑪麗亞肖像，以及周遭叢林傳來的憤怒聲音。他們拉我坐在桌邊好幾個小時，滔滔不絕痛斥穆斯林菲律賓非法移民，以及馬來半島的殖民者。在他們心目中，西馬的政客從英國人手上接棒，卻弄得更糟、更亂。

我在亞庇和別人談話，也是同樣的情形。他們似乎異口同聲緬懷英國人治理北婆羅洲的美好舊時光：**喔，哲斯頓城啊，當時華人主宰城市，馬來人和原住民主宰村莊，而印度人主宰農場。由於人人曉得自己在歐洲人國旗下的地位，大家相處融洽，相當和平。**現在，儘管原住民、馬來人、華人和印度人跨種族婚姻大增，基督徒、穆斯林和多神教教徒彼此也通婚——使得認同意識比起西馬更加微妙——從西馬而來的政治伊斯蘭化、以及從菲律賓南部而來的人口伊斯蘭化的威脅，卻激盪起各種零合的種族和宗教緊張與思維。

全球化時代的前民族國家

因此，南海的挑戰至少有一部分是後殖民主義的挑戰，也就是走出世界帝國的新興政治實體現在必須解決兩個問題：內部由哪個團體或派系控制？外部的海域又由哪個國家控制？

其實，這還不只是水域主權之爭，譬如，菲律賓也對沙巴提出主權主張，爭議出在十九世紀末的蘇祿蘇丹究竟是把北婆羅洲讓渡給英國、或只是租借給英國。因此，沙巴海岸這些殘破、痲子一般的水上村莊，代表的是更深刻的痲煩，不僅只是非法移民進入所製造的社會問題：它們代表馬來西亞這個國家很可能根本不合法這個問題——反之，馬來西亞可能只是繼承了英國持有的馬來島群的一個法律實體，在理論上還不一定站得住腳。若非一九六三年新加坡加入馬來西亞聯邦，為了打亂對華人有利的種族均勢，吉隆坡也不需要把北婆羅洲的馬來人及其他原住民納入聯邦。馬來西亞的成立其實只是急就章：它是東姑．阿都．拉曼和李光耀之間複雜關係的產品，也是英國和荷蘭在婆羅洲劃分領土界線的地理結果。

這位部落政客告訴我：「我們還是族群團體、是個種族，但還不是由公民組成的國家。」

他說：「馬哈迪在半島上的伊斯蘭政府欺壓我們。菲律賓非法移民對吉隆坡當政者挺方便，因為來自蘇祿的這些非法移民改變人口均勢，越來越對穆斯林有利。沙巴產的石油占馬來西亞全國產量六成，我們只拿回來百分之五的收入。」他又說：「我有生之年是看不到了，但是馬來西亞聯邦到頭來可能會分裂。」

當他說這話時，懷抱著希望。他現在談論沙巴的口吻，有如談論南蘇丹或昔日的東巴基斯坦。雖然本地區新興國家的海上爭端是目前的熱門議題，也因此我會寫作、探討它們，但是他似乎在說，全球化本身會導致亞洲不同的次級地區冒出頭，就像歐洲已經出現的狀況一樣。

因此當我集中精神討論現代民族主義在南海興起時，沙巴這個地方，就像越南中部的占婆廢墟，卻在談論中古世紀可能再度興起，那時候民族主義還是聞所未聞的東西呢！

拉惹與酋長

婆羅洲的確是個令人回到時光隧道的地方。像越南的占婆，它挑戰我對現局的理論、對中國的理論，以及對軍艦、油輪、和現代專制者的理論。北婆羅洲的馬來西亞砂勞越州就有一位酋長部長泰益瑪目（Abdul Taib Mahmud），他是土著少數民族馬蘭諾（Melanau）部落成員，自從一九八一年就當家執政，儘管他必須透過民主程序選出，他以前現代的家父長作風統治，儼然是個小獨裁者。在砂勞越，從伐木合約到掌控本地報紙，樣樣都得靠裙帶關係和付錢行賄。這位酋長部長在職三十年，促進了發展，但是也讓內陸的原住民部落仍然一窮二白，妨礙真正體制的出現。砂勞越昏沉沉的首府古晉（Kuching）有許多漂亮的建築物，是他統治的獎牌，譬如耗資三億美元蓋了一座傘狀的議會大樓，每年只用十六天，供州議員開會用。

從十九世紀中葉到二十世紀中葉，砂勞越的確是被一系列英國「白人拉惹」（white rajahs）統治。第一位是詹姆斯·布洛克（James Brooke）。他在英屬印度長大，走遍馬德拉斯（Madras）、檳城、麻六甲和新加坡這一整片印度洋和太平洋交會的地區。他用繼承來的財產買了一艘大帆船，沿砂勞越河航行，於一八三九年來到古晉。布洛克自封為這個地區的大君（*Tuan Besar*），與地方部落交戰、剿平海盜、挑撥各部落交戰，甚至還建立雛型的行政和法律體系，彷彿約瑟夫·康拉德劇本中的人物。詹姆斯·布洛克去世後，由侄子查爾斯・布洛克（Charles Brooke）繼承，查爾斯後來再傳給自己的兒子查爾斯・維納・布洛克（Charles Vyner Brooke），而他一直統治到第二次世界大戰。[1]酋長部長泰益的家父長作風，與布洛克家族的作風相似，因此被稱為「棕色拉惹」。二〇一三年，古晉人擔心的不是中國，而是酋長部長過世後可能發生動亂，或許會造成半島方面加強介入本地事務。

未知的旅程

即使婆羅洲島的北部有比較開發的馬來西亞沙巴州和砂勞越州，它是望向南邊印尼那一大片更窮、更亂世界的窗口。[2]在南海之爭中居於關鍵地位的海軍和空軍，本身就是成功的現代化發展與高效能政府體制的象徵。但是這一角落的南海——從菲律賓往印尼延伸的這片群島——卻呼應著完全不同的現實。

我來到旅途的終點，疑問卻更多。誠如我在前一章所說的，假如中國真的因嚴重的經濟、政治危機而出現混亂的分崩離析，將會是什麼狀況？這會如何影響它繼續擴大海、空軍力量及發動戰爭、進而恐嚇鄰國的能力？假如南海的前途不只是新興強國各爭領土主權，也是因為中央政府軟弱、全球伊斯蘭崛起而產生新的中世紀主義（new medievalism），那又將會是什麼狀況？當然我們也可能出現多重症狀：中國國力相對轉弱，加上馬來西亞、菲律賓和印尼中央勢力更加式微，或許會引爆海盜肆虐、難民流竄。即使美國海、空軍依然在本地區獨霸，也獨木難撐頹勢。換句話說，別以為南海地區必然向一個方向發展。

由於有可能出現不同的未來，我在本書所寫的只是「時代劇」：我專注的是二十一世紀第二個十年期開端的主旋律，中國軍力在西太平洋和印度洋交會之處崛起。但是儘管我旅途所到之處一再聽到大家討論潛艦，朽木撐起的海上貧民窟的景象，也一直揮之不去。

謝詞

《外交政策》、《大西洋》、與《國家利益》都出版了這本書的半成品，為此我得感謝這些雜誌的編輯與校對人員。有一千字關於菲律賓歷史的話摘錄自我在二〇〇五年出版的《帝國步兵》（*Imperial Grunts*），此在版權頁上已有聲明。

位在曼哈頓的Brandt and Hochman版權代理一如往昔，給了我很大的幫助，尤其是Carl D. Brandt與Marianne Merola。事實上，在過去二十五年來，Carl D. Brandt是我最需要的好友。但很不幸地，他竟然在本書完成時就與世長辭了。我也要向Gail Hocman與Henry Thayer致意。藍燈書屋（Random House）裡我的編輯Jonathan Jao與他的助理Molly Turpin也惠我良多。

我在策略預測公司（Stratfor）的同事在本書的內容與完成上提供了很大的協助，由於人數太多，我無法一一點名。不過，我特別想要感謝兩位「策略預測公司」的亞洲問題專家，Matt Gertken與John Minnich，以及策略預測公司的創辦人George Friedman，他幫我釐清了草稿中的細節。我在新美國安全研究中心（Center for New American Security）的同事，一樣無法一一點名，不但鼓勵我著手研究這個題目，還在中途各階段鼎力相助。中心裡的Patrick Cronin、Richard Fontaine、與Robert Work過去多年裡增進了不少我對亞洲事務與海軍的認識。Smith Richardson基金會慷慨地贊助我的研究計畫，其中我特別要感謝的是Nadia Schadlow。

在北京，卡內基－清華全球政策中心（Carnegie-Tsinghua Center for Global Policy）的Paul Haenle與他的同僚熱情地招待我，讓我感到賓至如歸。在吉隆坡，Sean Foley與Tang Siew Mun向我介紹了馬來西亞，而Shahriman Lockmane更居中聯絡，幫我打點行程，用他的友情溫暖了我。在新加坡，Peter Beckman、Ian Storey與已故的Barry Wain將所學對我傾囊相授。在菲律賓，Dante Francis Ang與他在《馬尼拉時報》（*The Manila Times*）協助我的行程規劃，越南外交學院（The Diplomatic Academy of Vietname）在河內提供了我一樣的協助。台灣政府出資助我訪問台北，並安排我造訪南海上一個主權有爭議的小島。我的助理Elizabeth Lockyer在策略預測公司的支援下找到了地圖，以及許多其他瑣碎細節。最後要感謝我的太太Maria Cabral，若非她寬宏體貼我經常不在家，本書不可能問世。

注釋

前言　占婆的覆滅

1 Jean- François Hubert, The Art of Champa, Parkstone Press, Ho Chi Minh City, 2005, pp. 7– 8, 17– 18, 20, 22– 23, 28– 29, 31– 32.

2 The full photographic archives of ancient Champa are housed at the Musée Guimet in Paris.

第一章　一場非關正義的戰爭

1 John J. Mearsheimer, *The Tragedy of Great Power Politics*, W. W. Norton, New York, 2001, p. 114.

2 U.S. Energy Information Administration, “South China Sea: Oil and Natural Gas,” March 2008; Robert D. Kaplan, “China’s Caribbean,” *Washington Post*, September 26, 2010.

3 Regional Program on Partnerships in Environmental Management for the Seas of East Asia,

"Current Activities in GEF- UNDP- IMO PEMSEA Programme Relating to Maritime Safety and Security"; Center for a New American Security, "The South China Sea: The First Testing Ground of a Multipolar Age," Washington, D.C., September 2010.

4 U.S. Energy Information Agency and Scott Snyder, "The South China Sea Dispute: Prospects for Preventive Diplomacy," United States Institute for Peace, August 1996; Center for a New American Security,"The South China Sea: The First Testing Ground of a Multipolar Age."南沙群島的石油蘊藏量可能過度高估，天然氣則是更豐富的能源資源。見Sam Bateman and Ralf Emmers, eds., *Security and International Politics in the South China Sea: Towards a Cooperative Management Regime*, Routledge, New York, 2009, p. 17; John C. Baker and David G. Wiencek, *Cooperative Monitoring in the South China Sea: Satellite Imagery, Confidence- Building Measures, and the Spratly Islands Disputes*, Praeger, Westport, Connecticut, 2002, p. 6.

5 Rear Admiral (ret.) Michael A. McDevitt in conversation at a conference at the Center for a New American Security, Washington, D.C., September 29, 2011.

6 BP Statistical Review of World Energy, London, 2011; Andrew Higgins, "In South China Sea, a Dispute over Energy," *Washington Post*, September 17, 2011.

7 Carl Ungerer, Ian Storey, and Sam Bateman, "Making Mischief: The Return of the South China

Sea Dispute," Australian Strategic Policy Institute, Barton, Australia, December 2010.

8 Energy Information Administration, "South China Sea: Country Analysis Briefs."

9 Geoffrey Till and J. N. Mak, essays in Bateman and Emmers, eds., *Security and International Politics in the South China Sea*, pp. 38– 39, 117– 18; Robert D. Kaplan, *Monsoon: The Indian Ocean and the Future of American Power*, Random House, New York, 2010, p. 7.

10 Baker and Wiencek, *Cooperative Monitoring in the South China Sea*, p. 7.

11 Rommel C. Banlaoi, "Renewed Tensions and the Continuing Maritime Security Dilemma in the South China Sea," paper presented at the International Forum on Maritime Security, Keelung, Taiwan, April 2010.

12 Kaplan, "China's Caribbean."

13 Robert B. Strassler, ed., *The Landmark Thucydides: A Comprehensive Guide to the Peloponnesian War*, trans. Richard Crawley, Simon & Schuster, New York, 1998,p. 352. 其實，中國也有一句類似的成語「弱肉強食」。

14 Andrew Marshall, "Military Maneuvers," Time, New York, September 27, 2010; "China's New Naval Base Triggers U.S. Concerns," SpaceWar.com, May 12, 2008.

15 "Map of Nineteenth Century China and Conflicts," www.fordham.edu/halsall, reprinted in

Reshaping Economic Geography, World Bank, Washington, D.C., 2009, p. 195.

16 Jonathan D. Spence, *In Search of Modern China*, W. W. Norton, New York, 1990, pp. 300, 450– 51.

17 Piers Brendon, "China Also Rises," *The National Interest*, Washington,November/December 2010.

18 Mearsheimer, *The Tragedy of Great Power Politics*, pp. 2, 168.

19 Mark J. Valencia, "The South China Sea: Back to the Future?," *Global Asia*, 'Seoul, December 2010.

20 Andrew F. Krepinevich, "China's 'Finlandization' Strategy in the Pacific," *Wall Street Journal*, New York, September 11, 2010.

21 Mark Helprin, "Farewell to America's China Station," *Wall Street Journal*, New York, May 17, 2010.

22 Abraham M. Denmark and Brian M. Burton, "The Future of U.S. Alliances in Asia," *Global Asia*, Seoul, December 2010.

23 Hugh White, "Power Shift: Australia's Future Between Washington and Beijing," *Quarterly Essay*, Collingwood, Australia, 2010, pp. 1, 2, 48.

24 Ibid., pp. 4–5.

25 Ibid., p. 12.

26 Ibid., p. 22– 26.

27 Ibid., p. 65.

第11章　中國：納南海為中國內海

1 Bill Emmott, *Rivals: How the Power Struggle Between China, India, and Japan Will Shape Our Next Decade*, Allen Lane, London, 2008, p. 16.

2 Desmond Ball, "Asia's Naval Arms Race: Myth or Reality?," Asia-Pacific Roundtable, Kuala Lumpur, May 30, 2011.

3 Leslie P. Norton, "Dragon Fire," *Barron's*, New York, June 27, 2011.

4 Amol Sharma, Jeremy Page, James Hookway, and Rachel Pannett, "Asia's New Arms Race," *Wall Street Journal*, New York, February 12– 13, 2011.

5 Ball, "Asia's Naval Arms Race."

6 Ibid.; W. S. G. Bateman, *Strategic and Political Aspects of the Law of the Sea in East Asian Seas*, Australian Defence Force Academy, Canberra, 2001, p. 85.

7 James C. Bussert and Bruce A. Elleman, *People's Liberation Army Navy: Combat Systems Technology*, 1949– 2010, Naval Institute Press, Annapolis, Maryland, 2011, p.183.

8 Sharma, Page, Hookway, and Pannett, "Asia's New Arms Race"; Carl Ungerer, Ian Storey, and Sam Bateman, "Making Mischief: The Return of the South China Sea Dispute," Australian Strategic Policy Institute, Barton, Australia, December 2010.

9 Jonathan Holslag, *Trapped Giant: China's Military Rise*, Routledge Journals, Oxfordshire, 2011, p. 103; Jonathan Holslag, "Seas of Troubles: China and the New Contest for the Western Pacific," Institute of Contemporary China Studies, Brussels, 2011.

10 David Axe, "Relax: China's First Aircraft Carrier Is a Piece of Junk," Wired.com, June 1, 2011.

11 Fumio Ota, "The Carrier of Asia- Pacifi c Troubles," *Wall Street Journal*, Asia Edition, Hong Kong, August 11, 2011.

12 "China Expanding Fleet of Warships at a Fast Clip: Stepped- Up Construction of Amphibious Vessels Part of Drive to Be Maritime Power," Reuters, February 16, 2012; David Lague, "Firepower Bristles in the South China Sea," Reuters, June 11, 2012.

13 Stephanie Kleine- Ahlbrandt, "A Dangerous Escalation in the East China Sea," *Wall Street Journal*, New York, January 5, 2013.

14 Hugh White, *The China Choice: Why America Should Share Power*, Black, Inc., Collingwood, Australia, 2012, p. 69.

15 Norton, "Dragon Fire."

16 Wayne A. Ulman, "China's Military Aviation Forces," in Andrew S. Erickson and Lyle J. Goldstein, eds., *Chinese Aerospace Power: Evolving Maritime Roles*, Naval Institute Press,

Annapolis, Maryland, 2011, p. 45.

17 Office of the Secretary of Defense, August 16, 2010; Andrew S. Erickson, "Beijing's Aerospace Revolution: Short- Range Opportunities, Long- Range Challenges," in Erickson and Goldstein, eds., *Chinese Aerospace Power*, p. 7.

18 Paul Bracken, *The Second Nuclear Age: Strategy, Danger, and the New Power Politics*, Times Books, New York, 2012, pp. 207– 9, 211.

19 Ball, "Asia's Naval Arms Race"; Richard A. Bitzinger and Paul T. Mitchell, "China's New Aircraft Carrier: Shape of Things to Come?," *RSIS Commentaries*, Singapore, May 6, 2011.

20 Aaron L. Friedberg, *A Contest for Supremacy: China, America, and the Struggle for Mastery in Asia*, W. W. Norton, New York, 2011, p. 201.

21 Michael D. Swaine, *America's Challenge: Engaging a Rising China in the Twenty- First Century*, Carnegie Endowment for International Peace, Washington, D.C., 2011, p. 53.

22 Erickson, "Beijing's Aerospace Revolution," in Erickson and Goldstein, eds., *Chinese Aerospace Power*, p. 14.

23 Ding Ying, "FTA Driving ASEAN Growth," Beijing Review, January 22, 2011; cited in Swaine, *America's Challenge*, p. 4.

24 Mingjiang Li, "Reconciling Assertiveness and Cooperation? China's Changing Approach to the South China Sea Dispute," *Security Challenges*, Kingston, Australia, Winter 2010, pp. 51– 52.

25 Friedberg, *A Contest for Supremacy*, p. 7.

26 James R. Holmes, "Maritime Outreach in the South China Sea," Center for a New American Security, Washington, D.C., 2011; John Pomfret, "U.S. Takes a Tougher Tone with China," *Washington Post*, June 30, 2010; June Teufel Dreyer, "The Growing Chinese Naval Capacity," Topics, American Chamber of Commerce, Taipei, August 1, 2011; George Will, "The 'Blue National Soil' of China's Navy," *Washington Post*, March 18, 2011.

27 Mingjiang Li, "Reconciling Assertiveness and Cooperation? China's Changing Approach to the South China Sea Dispute," p. 53.

28 Ibid., pp. 63– 65.

29 Bussert and Elleman, *People's Liberation Army Navy*, p. 186; Bruce A. Elleman, "Maritime Territorial Disputes and Their Impact on Maritime Strategy: A Historical Perspective," in Sam Bateman and Ralf Emmers, eds., *Security and International Politics in the South China Sea: Towards a Cooperative Management Regime*, Routledge, New York, 2009, p. 51.

30 Elleman, "Maritime Territorial Disputes and Their Impact on Maritime Strategy," in Bateman

and Emmers, eds., *Security and International Politics in the South China Sea*, p. 42.

31 Bussert and Elleman, *People's Liberation Army Navy*, pp. 141, 180.

32 Andrew S. Erickson and David D. Yang, "Chinese Analysts Assess the Potential for Antiship Ballistic Missiles," in Erickson and Goldstein, eds., *Chinese Aerospace Power*, p. 340.

33 Gabriel Collins, Michael McGauvran, and Timothy White, "Trends in Chinese Aerial Refueling Capacity for Maritime Purposes," in Erickson and Goldstein, eds., *Chinese Aerospace Power*, pp. 193, 196–97.

34 Felix K. Chang, "China's Naval Rise and the South China Sea: An Operational Assessment," *Orbis*, Philadelphia, Winter 2012.

35 John J. Mearsheimer, *The Tragedy of Great Power Politics*, W. W. Norton, New York, 2001, p. 401, and in conversation.

36 B. W. Higman, *A Concise History of the Caribbean*, Cambridge University Press, New York, 2011, pp. 98, 109, 189–90, 197–98.

37 James R. Holmes, "Monroe Doctrine in Asia?," *The Diplomat*, Tokyo, June 15, 2011.

38 David Healy, *Drive to Hegemony: The United States in the Caribbean, 1898–1917*, University of Wisconsin Press, Madison, 1988, pp. 3–4, 9.

39 Richard H. Collin, *Theodore Roosevelt's Caribbean: The Panama Canal, the Monroe Doctrine, and the Latin American Context*, Louisiana State University Press, Baton Rouge, 1990, p. x.

40 Ibid., pp. 56– 57.

41 Ibid., p. 308.

42 Ibid., pp. 410, xiii.

43 Healy, *Drive to Hegemony*, p. 261.

44 Higman, *A Concise History of the Caribbean*, p. 230.

45 Collin, *Theodore Roosevelt's Caribbean*, p. 561.

第三章　越南：中國最頑強的敵人

1 Henry Kissinger, *On China*, Penguin, New York, 2011, pp. 342– 43.

2 Clive Schofield and Ian Storey, "The South China Sea Dispute: Increasing Stakes and Rising Tensions," Jamestown Foundation, Washington, D.C., November 2009.

3 Lee Kuan Yew, *From Third World to First: Singapore and the Asian Economic Boom*, Harper Collins, New York, 2000, pp. 309–10, 314.

4 Carlyle A. Thayer, "Vietnam's Defensive Diplomacy," *Wall Street Journal*, Asia Edition, Hong

Kong, August 19, 2010.

5 David Lamb, *Vietnam, Now: A Reporter Returns*, PublicAffairs, New York, 2002, p. 43.

6 M. C. Ricklefs, Bruce Lockhart, Albert Lau, Portia Reyes, and Maitrii Aung- Thwin, *A New History of Southeast Asia*, Palgrave Macmillan, New York, 2010, pp. 33– 34.

7 Robert Templer, *Shadows and Wind: A View of Modern Vietnam*, Penguin, New York, 1998, p. 294.

8 David C. Kang, *East Asia Before the West: Five Centuries of Trade and Tribute*, Columbia University Press, New York, 2010, p. 166.

9 Neil L. Jamieson, *Understanding Vietnam*, University of California Press, Berkeley, 1993, pp. 8– 10.

10 Keith Weller Taylor, *The Birth of Vietnam*, University of California Press, Berkeley, 1983, pp. 298, xix– xxi.

11 Ricklefs, Lockhart, Lau, Reyes, and Aung- Thwin, *A New History of Southeast Asia*, pp. 7, 34.

12 Templer, *Shadows and Wind*, p. 297.

13 Lee, *From Third World to First*, p. 314.

14 Thayer, "Vietnam's Defensive Diplomacy."

15 Jamieson, *Understanding Vietnam*, p. 235.

第四章　馬來西亞：文明的音樂會

1 Thorstein Veblen, *The Theory of the Leisure Class*, Oxford University Press, New York, (1899) 2007, pp. xix– xx, 24, 59, 60– 61, 75.

2 V. S. Naipaul, *Among the Believers: An Islamic Journey*, Andre Deutsch, London, 1981, pp. 270, 272.

3 V. S. Naipaul, *Beyond Belief: Islamic Excursions Among the Converted Peoples*, Random House, New York, 1998, p. 365.

4 Ernest Gellner, *Muslim Society*, Cambridge University Press, New York, 1981, pp. 1– 2, 4.

5 Clifford Geertz, *The Interpretation of Cultures*, Basic Books, New York, 1973, p. 36.

6 *Ibid.*, p. 283.

7 Samuel P. Huntington, *The Clash of Civilizations and the Remaking of World Order*, Simon & Schuster, New York, 1996.

8 Harold Crouch, *Government and Society in Malaysia*, Cornell University Press, Ithaca, New York, 1996, pp. 20– 21, 23.

9 Virginia Matheson Hooker, *A Short History of Malaysia: Linking East and West*, Allen & Unwin, Crows Nest, Australia, 2003, pp. 27– 28.

10 M. C. Ricklefs, Bruce Lockhart, Alber Lau, Portia Reyes, and Maitrii Aung- Thwin, *A New*

History of Southeast Asia, Palgrave Macmillan, New York, 2010, p. 110.

11 Huntington, *The Clash of Civilizations and the Remaking of World Order*, p. 82.

12 Samuel P. Huntington, "The Clash of Civilizations?," *Foreign Affairs*, New York, July/August 1993.

13 Joel S. Kahn, *Other Malays: Nationalism and Cosmopolitanism in the Modern Malay World*, University of Hawai'i Press, Honolulu, 2006, p. 55.

14 Anthony Milner, *The Malays*, Wiley- Blackwell, Malden, Massachusetts, 2008, pp. 49, 238.

15 馬來人和印尼人基本上講同樣的語言。

16 Leonard Y. Andaya, *Leaves of the Same Tree: Trade and Ethnicity in the Straits of Melaka*, University of Hawai'i Press, Honolulu, 2008, pp. 18– 19, 80– 81.

17 Ibid., pp. 108, 124.

18 Joseph Chinyong Liow, *Piety and Politics: Islamism in Contemporary Malaysia*, Oxford University Press, New York, 2009, pp. xi, 192.

19 Milner, *The Malays*, pp. 14, 216, 219.

20 Banyan, "The Haze and the Malaise: Ethnic Politics Makes Malaysia's Transition to a Contested Democracy Fraught and Ugly," *The Economist*, London, September 10, 2011.

21 John Stuart Mill, *On Liberty*, Introduction by Gertrude Himmelfarb, Penguin, New York, (1859)

1974, p. 34; John Stuart Mill, *Considerations on Representative Government*, Digireads.com, Lawrence, Kansas, 1861, p. 162.

22 Barry Wain, *Malaysian Maverick: Mahathir Mohamad in Turbulent Times*, Palgrave Macmillan, New York, 2009, pp. 3– 4, 8, 10– 11, 25–26, 29; Crouch, *Government and Society in Malaysia*, pp. 156– 57; Mahathir Mohamad, *The Malay Dilemma*, Marshall Cavendish, Tarrytown, New York, (1970) 2008.

23 Wain, *Malaysian Maverick*, pp. 86– 87, 217, 219– 20, 227, 236– 37, 243.

24 Ibid., pp. 54, 85, 341; Hooker, *A Short History of Malaysia*, p. 272.

25 Crouch, *Government and Society in Malaysia*, pp. vii, 4– 7, 56, 75, 150– 51, 189, 192.

26 Ibid., p. 246.

27 馬來西亞派兵駐守的其他島礁為南海礁、安渡灘、簸箕礁和榆亞暗沙。

第五章　新加坡：自由主義的實驗室

1 新加坡人後來藉由海水淡化計劃、汙水回收和收集雨水等方式，大量減輕對馬來西亞淡水的依賴。

2 Robert D. Kaplan, *Hog Pilots, Blue Water Grunts: The American Military in the Air, at Sea, and*

on the Ground, Random House, New York, 2007, pp. 96, 98.

3 Owen Harries, "Harry Lee's Story," *The National Interest*, Washington, June 1999.

4 Lee Kuan Yew, *The Singapore Story*, Times Editions, Singapore, 1998, pp. 74, 77, 131.

5 Lee Kuan Yew, *From Third World to First: Singapore and the Asian Economic Boom*, HarperCollins, New York, 2000; Plutarch, *The Lives of the Noble Grecians and Romans*, trans. John Dryden (1683– 86), rev. Arthur Hugh Clough (1864), Modern Library, New York, 1992.

6 Lee, *The Singapore Story*, p. 23.

7 Ibid., pp. 202- 3; Harries, "Harry Lee's Story"; Kaplan, *Hog Pilots, Blue Water Grunts*, p. 97.

8 Lee, *The Singapore Story*, pp. 207, 211, 228, 322, 324, 427.

9 M. C. Ricklefs, Bruce Lockhart, Alber Lau, Portia Reyes, and Maitrii Aung- Thwin, *A New History of Southeast Asia*, Palgrave Macmillan, New York, 2010, p. 337.

10 Lee, *The Singapore Story*, p. 539.

11 Ibid., pp. 474, 558, 608, 610– 11.

12 Ibid., p. 640.

13 Ibid., p. 649.

14 Lee, *From Third World to First*, p. 47.

15 Niccolo Machiavelli, *The Prince*, trans. Russell Price, Cambridge University Press, New York, (1513) 1988.

16 Lee, *From Third World to First*, pp. 53, 106.

17 Ibid., pp. 57– 58, 159.

18 Ibid., pp. 166, 173– 74, 182– 83, 185, 213.

19 Ibid., p. 452.

20 Ibid., p. 467.

21 Hugh White, *The China Choice: Why America Should Share Power*, Black, Inc., Collingwood, Australia, 2012, p. 12.

22 John Stuart Mill, *On Liberty*, Penguin, New York, (1859) 1974, p. 68.

23 Ibid., pp. 86– 87.

24 Ibid.

25 Ibid., p. 69.

26 John Stuart Mill, *Considerations on Representative Government*, Digireads .com, Lawrence, Kansas, 1861, p. 121.

27 Isaiah Berlin, *Four Essays on Liberty*, Oxford University Press, New York, 1969, p. xlii.

28 Isaiah Berlin, "Two Concepts of Liberty," 1958, in ibid., pp. 124, 129– 30.

29 Mill, *Considerations on Representative Government*, pp. 116, 118.

30 Ibid., pp. 143, 161.

31 Aristotle, *The Politics*, translated and with an introduction, notes, and glossary by Carnes Lord, University of Chicago Press, Chicago, 1984, pp. 66, 120.

32 Mill, *Considerations on Representative Government*, p. 124.

33 Leo Strauss, *On Tyranny: Including the Strauss- Kojeve Correspondence*, University of Chicago Press, Chicago, 1961, pp. 45, 55, 57.

第六章　菲律賓：美國的殖民包袱

1 Jillian Keenan, "The Grim Reality Behind the Philippines' Economic Growth," www.TheAtlantic.com, Washington, D.C., May 7, 2013.

2 Ibid.

3 Stanley Karnow, *In Our Image: America's Empire in the Philippines*, Random House, New York, 1989, pp. 12, 119.

4 Robert D. Kaplan, *Imperial Grunts: On the Ground with the American Military*, from Mongolia

to the Philippines to Iraq and Beyond, Random House, New York, 2005, pp. 136– 37.

5 Max Boot, *The Savage Wars of Peace: Small Wars and the Rise of American Power*, Basic Books, New York, 2002, p. 125.

6 Karnow, *In Our Image*, p. 140.

7 Kaplan, *Imperial Grunts*, p. 139.

8 Karnow, *In Our Image*, p. 197.

9 Samuel K. Tan, *The Filipino- American War, 1899– 1913*, University of the Philippines Press, Quezon City, 2002, p. 256.

10 Ibid.

11 Kaplan, *Imperial Grunts*, p. 140.

12 Ibid., pp. 140– 41.

13 P. Kreuzer, "Philippine Governance: Merging Politics and Crime," Peace Research Institute, Frankfurt, 2009.

14 Karnow, *In Our Image*, p. 366.

15 John Minnich, "The Philippines' Imperatives in a Competitive Region," www.Stratfor.com, Austin, Texas, June 18, 2012.

16 Ibid.

17 黃岩島西方人稱之為Scarborough Shoals，有些地圖則標記為Scarborough Reef，名字得自英屬東印度公司載茶葉的船隻*Scarborough*號於一七八四年九月十二日在其附近海域觸礁沉沒、全體船員淹死。

18 James Holmes and Toshi Yoshihara, "Small- Stick Diplomacy in the South China Sea," www.nationalinterest.org, Washington, D.C., April 23, 2012; Max Boot, "China Starts to Claim the Seas: The U.S. Sends a Signal of Weakness over the Scarborough Shoal," *Wall Street Journal*, New York, June 25, 2012.

19 美濟礁英文名為Mischief Reef，乃一七九一年由亨利．史普瑞特利（Henry Spratly）以他的德籍船員Herbert Mischief之名命名。不過這位亨利．史普瑞特利和南沙群島被命名為史普瑞特利群島的那位十九世紀英國航海家理查．史普瑞特利並無親戚關係。

第七章　台灣：亞洲的柏林

1 Joseph Conrad, "Typhoon," *Typhoon and Other Stories*, G. P. Putnam's Sons, New York, 1902.

2 台灣不僅對中國大陸所主張擁有主權的所有領土提出相同的權利主張，也宣稱擁有外蒙古的主權；北京則與外蒙古訂定和平條約。

3 Kuan- Hsiung Wang, "The ROC's [Republic of China's] Maritime Claims and Practices with Special Reference to the South China Sea," *Ocean Development and International Law*, Routledge, London, 2010.

4 台灣當局也對南沙群島的敦謙沙洲行使管轄權。

5 James R. Holmes, associate professor of strategy, Naval War College, in conversation at the Center for a New American Security, Washington, D.C., 2011.

6 Jonathan Manthorpe, *Forbidden Nation: A History of Taiwan*, Palgrave Macmillan, New York, 2005, pp. xi, 21– 22, 25.

7 Ibid., pp. 80, 83– 96.

8 Ibid., pp. 111– 12.

9 Ibid., p. 225.

10 Bill Emmott, *Rivals: How the Power Struggle Between China, India, and Japan Will Shape Our Next Decade*, Allen Lane, London, 2008, p. 236.

11 Aaron L. Friedberg, *A Contest for Supremacy: China, America, and the Struggle for Mastery in Asia*, W. W. Norton, New York, 2011, pp. 218– 19.

12 John J. Mearsheimer, *The Tragedy of Great Power Politics*, W. W. Norton, New York, 2001.

13 Joseph S. Nye Jr., *Soft Power: The Means to Success in World Politics*, Public Affairs, New York, 2004.

14 James R. Holmes, "Taiwan's Navy Gets Stealthy," *The Diplomat*, Tokyo, April 30, 2012.

15 Robin Kwong and David Pilling, "Taiwan's Trade Link with China Set to Grow," *Financial Times*, London, March 7, 2011.

16 Jay Taylor, *The Generalissimo: Chiang Kai- shek and the Struggle for Modern China*, Harvard University Press, Cambridge, Massachusetts, 2009, p. 399. 中譯本為林添貴譯，《蔣介石與現代中國的奮鬥》（台北：時報文化出版公司，二〇一一年）。

17 Jonathan Fenby, *Chiang Kai- shek: China's Generalissimo and the Nation He Lost*, Carroll & Graf, New York, 2003, pp. 12– 13.

18 Theodore H. White, *In Search of History: A Personal Adventure*, Harper & Row, New York, 1978, pp. 116, 118, 150, 159, 176– 77, 179, 182, 195– 97; Taylor, The Generalissimo, p. 31.

19 Taylor, *The Generalissimo*, pp. 2, 12, 14.

20 Ibid., pp. 21– 22, 51– 52, 89– 90.

21 Fenby, Chiang Kai- shek, pp. 501, 503; Taylor, The Generalissimo, p. 152.

22 Steven Pinker, *The Better Angels of Our Nature: Why Violence Has Declined*, Viking, New York, 2011, p. 195.

23 Taylor, *The Generalissimo*, pp. 7, 192, 213– 14, 220, 297; Pinker, *The Better Angels of Our Nature*, p. 195; Fenby, *Chiang Kai- shek*, p. 253.

24 Barbara W. Tuchman, *Stilwell and the American Experience in China, 1911– 1945*, Macmillan, New York, 1970, pp. 93, 322, 379, 412, 464.

25 Ibid., p. 531; Fenby, *Chiang Kai- shek*, p. 380; Taylor, *The Generalissimo*, p. 400.

26 Taylor, *The Generalissimo*, pp. 411– 12, 414, 419, 485, 487– 88, 589.

第八章　南海：權力的戰場

1 Lyle Goldstein, "Chinese Naval Strategy in the South China Sea: An Abundance of Noise and Smoke, but Little Fire," *Contemporary Southeast Asia*, Institute of Southeast Asian Studies, Singapore, 2011.

2 Jonathan Holslag, "Seas of Troubles: China and the New Contest for the Western Pacific," Institute of Contemporary China Studies, Brussels, 2011.

3 David C. Kang, *East Asia Before the West: Five Centuries of Trade and Tribute*, Columbia University Press, New York, 2010, pp. 2, 4, 8, 10, 11.

4 Gideon Rachman, "Political Crises or Civil War Will Not Stop China," *Financial Times*,

London, March 20, 2012.
5 Mark C. Elliott, *Emperor Qianlong: Son of Heaven, Man of the World*, Longman, New York, 2009, p. 126.
6 Aristotle, *The Politics*, trans. Carnes Lord, University of Chicago Press, Chicago, 1984, p. 153.
7 Kenneth N. Waltz, *Realism and International Politics*, Routledge, New York, 2008, pp. 59, 152, 200.
8 Harvey Mansfield and Nathan Tarcov, *Introduction to Machiavelli's Discourses on Livy*, University of Chicago Press, Chicago, 1996.
9 Paul Kennedy, "The Pivot of History: The U.S. Needs to Blend Democratic Ideals with Geopolitical Wisdom," *The Guardian*, London, June 19, 2004.
10 "East Asia and Pacific Economic Update (2010)," World Bank, Washington, D.C.
11 Clive Schofield and Ian Storey, "The South China Sea Dispute: Increasing Stakes and Rising Tensions," Jamestown Foundation, Washington, D.C., November 2009.
12 John C. Baker and David G. Wiencek, "Cooperative Monitoring in the South China Sea: Satellite Imagery, Confidence- Building Measures, and the Spratly Islands Dispute," Praeger, Westport, Connecticut, 2002.
13 Nick A. Owen and Clive H. Schofield, "Disputed South China Sea Hydrocarbons in

Perspective," *Marine Policy* 36 (3), May 2011.

14 Ian Storey, "China's Diplomatic Engagement in the South China Sea," Institute of Southeast Asia Studies, Singapore, 2011.

15 M. Taylor Fravel, "Maritime Security in the South China Sea and the Competition over Maritime Rights," Center for a New American Security, Washington, D.C., 2012.

16 Peter A. Dutton, "Cracks in the Global Foundation: International Law and Instability in the South China Sea," Center for a New American Security, Washington, D.C., 2012.

17 Hillary Clinton, "Asia's Pacifi c Century," *Foreign Policy*, Washington, D.C., September/October 2011.

18 Aristotle, *The Politics*, p. 114.

19 Stanley A. Weiss, "Imagining 'Eastphalia,' " *Strategic Review*, Jakarta, January/March 2012.

20 Holslag, "Seas of Troubles."

21 Jacques deLisle, "China's Claims and the South China Sea," *Orbis*, Philadelphia, Fall 2012.

22 Robert Kagan, *The World America Made*, Alfred A. Knopf, New York, 2012.

23 Jonathan Holslag, *Trapped Giant: China's Military Rise*, Routledge Journals, Oxfordshire, 2011, pp. 31– 35, 44– 45, 48. Holslag's sources include the following: Park Sung- hyea and Peter

Chu, "Thermal and Haline Fronts in the Yellow/East China Sea," *Journal of Oceanography* (62); and Andrew S. Erickson, Lyle J. Goldstein, and William S. Murray, "Chinese Mine Warfare," *China Maritime Study*, U.S. Naval War College, Newport, Rhode Island, June 2009.

24 "China Enhances Its Maritime Capabilities," www.Stratfor.com, Austin, Texas, May 12, 2012.

25 Holslag, *Trapped Giant*, p. 56.

26 Ibid., p. 64, map and commentary.

27 John J. Mearsheimer, *The Tragedy of Great Power Politics*, W. W. Norton, New York, 2001, p. 401.

28 M. Taylor Fravel, discussion on the South China Sea, Center for a New American Security, Washington, D.C., 2011.

29 Robert B. Strassler, *The Landmark Thucydides: A Comprehensive Guide to the Peloponnesian War*, Free Press, New York, 1996, p. 16.

30 James Kurth, "Confronting a Powerful China with Western Characteristics," *Orbis*, Philadelphia, Winter 2012.

31 Michael Auslin, "Security in the Indo- Pacifi c Commons: Towards a Regional Strategy," American Enterprise Institute for Public Policy Research, Washington, D.C., December 2010.

32 Sumit Ganguly and Manjeet S. Pardesi, "Can China and India Rise Peacefully?" *Orbis*,

Philadelphia, Summer 2012.

33 Hugh White, *The China Choice: Why America Should Share Power*, Black, Inc., Collingwood, Australia, 2012, p. 71.

尾聲　婆羅洲的貧民窟

1 Nigel Barley, *White Rajah: A Biography of Sir James Brooke*, Little, Brown, London, 2002; S. Baring- Gould and C. A. Bampflyde, *A History of Sarawak: Under Its Two White Rajahs, 1839–1908*, Synergy, Kuala Lumpur, (1909) 2007.

2 我在*Monsoon: The Indian Ocean and the Future of American Power*, Random House, New York, 2010的第十三章中，對印尼有詳盡的報導。

附錄　中華民國內政部南海諸島中英名稱對照表

資料來源：內政部統計資料服務網之「南海諸島礁名稱」

東沙群島	**(Pratas Islands)**
東沙島	Pratas Island
北衛灘	N.Verker Bank
南衛灘	S.Verker Bank
西沙群島	**(Paracel Islands)**
永樂群島	Crescent Group
甘泉島	Robert Island
珊瑚島（八道羅島）	Pattle Island
金銀島	Money Island
道乾群島	Duncan Islands
琛航島（燈擎島）	Duncan Island
廣金島（掌島）	Palm Island
晉卿島（杜林門島）	Drummond Island
森屏灘（測量灘）	Observation Bank
羚羊礁	Antelope Reef
宣德群島	Amphitrite Group
西沙洲	West Sand
趙述島（樹島）	Tree Island
華光礁（發現礁）	Discovery Reef
玉琢礁（烏拉多礁）	Vuladdore Reef

盤石嶼（巴蘇奇島）	Passu Keah
中建島（土來塘島）	Triton Island
北礁（北砂礁）	North Reef
北島	North Island
中島	Middle Island
南島	South Island
北沙洲	North Sand
中沙洲	Middle Sand
南沙洲	South Sand
永興島（林島）	Woody Island
石島（小林島）	Rocky Island
銀礫灘（亦爾剔斯灘）	Iltis Bank
西渡灘（台圖灘）	Dido Bank
和五島（東島）	Lincoln Island
高尖石	Pyramid Rocks
蓬勃礁	Bombay Reef
湛涵灘（則衡志兒灘）	Jehangire Bank
濱湄灘（勃利門灘）	Bremen Bank
中沙群島	**（Macclesfield Bank）**
西門暗沙	Siamese Shoal
本固暗沙	Bankok Shoal
美濱暗沙	Magpie Shoal
魯班暗沙	Carpenter Shoal
立夫暗沙	Oliver Shoal
比微暗沙	Pigmy Shoal
隱磯灘	Engeria Bank
武勇暗沙	Howard Shoal
濟猛暗沙	Learmonth Shoal

海鳩暗沙	Plover Shoal
安定連礁	Addington Patch
美溪暗沙	Smith Shoal
布德暗沙	Bassett Shoal
波洑暗沙	Balfour Shoal
排波暗沙	Parry Shoal
果淀暗沙	Cawston Shoal
排洪灘	Penguin Bank
濤靜暗沙	Tanered Shoal
控湃暗沙	Combe Shoal
華夏暗沙	Cathy Shoal
石塘連礁	Hardy Patches Reef
指掌暗沙	Hand Shoal
南扉暗沙	Margesson Shoal
漫步暗沙	Walker Shoal
樂西暗沙	Phillip's Shoal
屏南暗沙	Payne Shoal
黃岩島（民主礁）	Scarborough Shoal
憲法暗沙	Truro Shoal
一統暗沙	Helen Shoal
南沙群島	**(Spratly Islands)**
雙子礁群（北危島）	North Danger
北子礁	N.E.Cay
南子礁	S.W.Cay
永登暗沙	Trident Shoal
樂斯暗沙	Lys Shoal
中業群礁	Thi-Tu Reefs
中業島	Thi-Tu Island

渚碧礁	Subi Reef
道明群礁	Loaita Bank & Reefs
楊信沙洲	Lankiam Cay
南鑰島	Loaita/South Island of Horsbung
鄭和群礁（堤閘灘）	Tizard Bank & Reefs
太平島（長島、大島）	Itu Aba Island
敦謙沙洲（北小島）	Sandy Cay
舶蘭礁	Petley Reef
安達礁	Eldad Reef
鴻庥島（南小島）	Namyit Island
南薰礁	Gaven Reefs
福祿寺礁	Western or Flora Temple Reef
大現礁（大發現礁）	Discovery Great Reef
小現礁（小發現礁）	Discovery Small Reef
永暑礁	Fiery Cross Reef
逍遙暗沙	Dhaull Shoal
尹慶群礁（零丁礁）	London Reefs
中礁	Central Reef
西礁	West Reef
東礁	East Reef
華陽礁	Cuarteron Reef
南威島（西鳥島）	Spratly/Storm Island
日積礁	Ladd Reef
奧援暗沙	Owen Shoal
南薇灘	Riflemen Bank
蓬勃堡	Bombay Castle
奧南暗沙	Orleana Shoal
金盾暗沙	Kingston Shoal

廣雅灘	Prince of Wales Bank
人駿灘	Alexandra Bank
李準灘	Grainger Bank
西衛灘	Prince Consort Bank
萬安灘	Vanguard Bank
安波沙洲（安波那島）	Amboyna Cay
隱遁暗沙	Stay Shoal
海馬灘	Seahorse Bank
蓬勃暗沙	Bombay Shoal
艦長暗沙	Royal Captain Shoal
半月暗沙	Half Moon Shoal
保衛暗沙	Viper Shoal
安渡灘	Ardasier Bank
彈丸礁	Swallow Reef
皇路礁	Royal Charlotte Reef
南通礁	Louisa Reef
北康暗沙	North Luconia Shoals
盟誼暗沙	Friendship Shoal
南安礁	Sea-horse Breakers Reef
南屏礁	Hayes Reef
南康暗沙	South Luconia Shoals
海寧礁	Herald Reef
海安礁	Stigant Reef
澄平礁	Sterra Blanca Reef
曾母暗沙（詹姆沙）	James Shoal
八仙暗沙	Parsons Shoal
立地暗沙	Lydis Shoal
禮樂灘	Reed Bank

忠孝灘	Templier Bank
神仙暗沙	Sandy Shoal
仙后灘	Fairie Queen
莪蘭暗沙	Lord Aukland Shoal
紅石暗沙	Carnatic Shoal
棕灘	Brown Bank
陽明礁	Pennsylvania N.Reef
東坡礁	Pennsylvania Reef
安塘島	Amy Douglas Island
和平暗沙	3rd Thomas Shoal
費信島（平／扁島）	Flat Island
馬歡島	Nanshan Island
西月島（西約克島）	West York Island
北恆礁	Ganges N.Reef
恆礁	Ganges Reef
景宏島（辛科威島）	Sin Cowe Island
伏波礁	Ganges Reef
汎愛暗沙	Fancy Wreck Shoal
孔明礁	Pennsylvania Reef
仙娥礁	Alicia Annie Reef
美濟礁	Mischief Reef
仙濱暗吵	Sabina Shoal
信義暗沙	1st Thomas Shoal
仁愛暗沙	2nd Thomas Shoal
海口暗沙	Investigator N.E.Shoal
畢生島	Pearson Island
南華礁	Cornwallis S. Reef
立威島	Lizzie Weber Island

南海礁	Mariveles Reef
息波礁	Ardasier Breakers Reef
破浪礁	Gloucester Breakers Reef
玉諾島	Cay Marino Island
榆亞暗沙	Investigator Shoal
金吾暗沙	S.W. Shoal
校尉暗沙	N.E. Shoal
南樂暗沙	Glasgow Shoal
司令礁	Commodore Reef
都護暗沙	North Vipor Shoal
指向礁	Director Reef

國家圖書館出版品預行編目資料

南中國海：下一世紀的亞洲是誰的？／羅柏・卡普蘭（Robert D. Kaplan）著；林添貴譯. -- 三版. -- 臺北市：麥田出版：英屬蓋曼群島商家庭傳媒股份有限公司城邦分公司發行, 2025.06
面；　公分. --（麥田國際；5）
譯自：Asia's cauldron : the South China Sea and the end of a stable pacific
ISBN 978-626-310-879-0（平裝）
1.CST: 南海問題　2.CST: 地緣政治
578.193　　114004516

麥田國際 05

南中國海：下一世紀的亞洲是誰的？

Asia's Cauldron: The South China Sea and the End of a Stable Pacific

作者　羅柏・卡普蘭（Robert D. Kaplan）
譯者　林添貴
校對　陳佩伶
諮詢　區肇威　楊玉鶯
責任編輯　呂欣儒
封面設計　張巖
印刷　前進彩藝有限公司
內頁排版　李秀菊
國際版權　吳玲緯　楊靜
行銷　闕志勳　吳宇軒　余一霞
業務　李再星　李振東　陳美燕
總經理　巫維珍
編輯總監　劉麗真
事業群總經理　謝至平
發行人　何飛鵬
出版　麥田出版
台北市南港區昆陽街16號4樓
電話：886-2-25000888　傳真：886-2-2500-1951
發行　英屬蓋曼群島商家庭傳媒股份有限公司城邦分公司
台北市南港區昆陽街16號8樓
客服專線：02-25007718；25007719
24小時傳真專線：02-25001990；25001991
服務時間：週一至週五上午09:30-12:00；下午13:30-17:00
劃撥帳號：19863813　戶名：書虫股份有限公司
讀者服務信箱：service@readingclub.com.tw
城邦網址：http://www.cite.com.tw
香港發行所　城邦（香港）出版集團有限公司
香港九龍土瓜灣土瓜灣道86號順聯工業大廈6樓A室
電話：852-25086231　傳真：852-25789337
電子信箱：hkcite@biznetvigator.com
馬新發行所　城邦（馬新）出版集團
Cite（M）Sdn. Bhd.（458372U）
41, Jalan Radin Anum, Bandar Baru Seri Petaling,
57000 Kuala Lumpur, Malaysia.
電話：+6(03)-90563833　傳真：+6(03)-90576622
電子信箱：services@cite.my

初版一刷　2016年1月
二版一刷　2020年10月
三版一刷　2025年6月

ISBN 978-626-310-879-0（紙本書）
ISBN 978-626-310-878-3（EPUB）

售價：台幣420元　港幣140元
（本書如有缺頁、破損、倒裝，請寄回更換）

城邦讀書花園 www.cite.com.tw
書店網址：www.cite.com.tw